組み合わせ自由自在

作りおき
レンチンおかず

 353

食のスタジオ 編

西東社

電子レンジだけで こんなに作りおきができる!!

「帰ったらごはんがある」と思うと、忙しい毎日でもちょっとがんばれるもの。
作りおきはそんな毎日の心強い味方です。
電子レンジなら、手間なくもっとラクに作りおきおかずが完成します。
意外といろいろな料理が作れる電子レンジ。
思う存分活用して、日常をおいしいごはんで彩りませんか？

Contents

- 2 電子レンジだけでこんなに作りおきができる!!
- 8 電子レンジの作りおきでもっとラクになる
- 10 この1冊でこんなに作れる!
- 12 まとめ作りが便利! おかずのセットを作ろう
- 14 3品一気にまとめ作りのスケジュール
- 16 電子レンジ調理の基本をおさえよう
- 18 失敗しない! 電子レンジの6つのポイント
- 20 これで安心! 電子レンジの作りおき保存
- 22 この本の使い方

メインおかず

鶏もも肉
- 24 鶏のから揚げ / 鶏肉のトマト煮
- 25 バターチキンカレー / 照り焼きチキン
- 26 鶏肉のシチュー / 鶏肉のめんつゆ煮
- 27 ダッカルビ / 蒸し鶏のねぎ香味だれ

鶏むね肉
- 28 親子煮 / 鶏肉とブロッコリーのナムル
- 29 鶏むね肉のピリ辛ケチャップ煮 / 鶏ハム
- 30 むね肉のタンドリーチキン / 鶏肉とセロリのマヨあえ
- 31 鶏肉のすき焼き / ペッパーチキン

鶏ささみ
- 32 バンバンジー / ささみのごまあえ
- 33 鶏のみそマヨネーズ焼き / 鶏ささみの梅肉あえ

鶏手羽先
- 34 スパイシー手羽先 / 手羽先と大根の煮もの
- 35 手羽先のにんにくみそ漬け / 手羽先とねぎの煮込み

鶏手羽元
- 36 手羽元の中華煮 / 手羽元のゆずこしょう焼き
- 37 手羽元の甘辛煮 / 手羽元のハーブ煮

鶏ひき肉
- 38 鶏つくね / 鶏団子と豆苗の蒸し焼き
- 39 鶏ひき肉のレンチンみそ煮 / 鶏肉あんかけ

豚こま切れ肉
- 40 肉じゃが / 豚肉入り野菜炒め
- 41 豚肉の韓国風炒め / 豚肉とほうれん草のトマト煮
- 42 豚となすのみそ炒め / 梅ポン豚しゃぶ
- 43 豚とピーマンのオイスターソース炒め / 豚こまと玉ねぎの煮もの

豚薄切り肉
- 44 豚のしょうが焼き / 豚肉と根菜の煮もの
- 45 豚と野菜のみそ煮込み / 豚肉のにんにく塩煮
- 46 回鍋肉 / 豆苗の豚肉巻き
- 47 豚のミルフィーユ焼き / 豚キムチ

豚ロース厚切り肉
- 48 ポークソテー / 豚肉の香草焼き
- 49 豚のハニーマスタード / 豚のみそ漬け

豚バラかたまり肉
- 50 豚の角煮 / エスニックローストポーク
- 51 豚肉と豆のトマト煮 / しっとり塩豚

豚ひき肉
- 52 麻婆なす / エスニック春雨サラダ
- 53 ひき肉とピーマンのカレー炒め / レンジポークボール

牛こま切れ肉
- 54 チンジャオロース / 牛肉と根菜のみそ煮
- 55 牛肉のケチャップ炒め / 牛肉のしょうが煮

牛薄切り肉
- 56 牛すき煮 / 牛肉のココナッツカレー
- 57 牛しゃぶのサルサ / 牛ステーキ風

牛かたまり肉
- 58 牛肉のデミグラスソース / ポトフ
- 59 マスタードパン粉焼き / ローストビーフ

合いびき肉
- 60 キーマカレー / ロールキャベツ
- 61 ガパオ / ブロッコリーボール

4

ウインナー・ベーコン
- 62 ジャーマンポテト / ラタトゥイユ
- 63 ソーセージとキャベツの粒マスタード / ベーコンときのこのクリーム煮

鮭
- 68 鮭フレーク / 鮭と大根の煮もの
- 69 鮭のレモンバター / 鮭のコーンクリーム煮

あじ
- 70 あじの南蛮漬け / あじのふんわりみそつくね
- 71 あじの甘辛ごままぶし / あじとみつばの焼きほぐし

ぶり
- 72 ぶりの照り焼き / ぶりときのこのレモンしょうゆ
- 73 ぶりの豆板醤煮 / ぶりのにんにく漬け焼き

たら
- 74 たらのアクアパッツァ / たらのポン酢蒸し
- 75 たらのケチャップ蒸し / たらのレンジ香味ソースがけ

めかじき
- 76 めかじきのムニエル / めかじきのキムチ蒸し
- 77 めかじきのオイル漬け / めかじきの和風ラタトゥイユ

さば
- 78 さばみそ / さばのレモン蒸し
- 79 さばのトマト煮 / さばのから揚げ

いか
- 80 いかと里いもの煮もの / いかのエスカベッシュ
- 81 レンジいかめし / いかの山椒煮

えび
- 82 えびチリ / えびとかぶの白だし煮
- 83 えびと豆もやしのエスニックあえ / えび青じそフライ

ゆでだこ・貝類
- 84 あさりとアスパラの酒蒸し / かきとほうれん草のミルク煮
- 85 たことにらのチヂミ / ほたてのにんにくバターソテー

ツナ
- 86 ツナのキャベツ炒め / トマトカップツナリエット
- 87 ツナとオクラのカレーソテー / デリ風ツナとかぼちゃのマヨあえ

豆腐
- 88 肉豆腐 / 茶巾豆腐
- 89 焼き豆腐と豚肉の甘辛みそ炒め / 豆腐バーグ

卵
- 90 みつばとしらすのだし巻き卵 / 巣ごもり卵
- 91 うずらとトマトの甘酢漬け / 卵そぼろ

Column
- 64 電子レンジでよりおいしく！ レンチン裏ワザテク
- 92 電子レンジ1つで ごはんもの・麺類レシピ

サブおかず

にんじん
- 96 にんじんマリネ / にんじんのごまあえ
- 97 にんじんのたらこあえ / にんじんグラッセ
- 98 にんじんともやしのナムル / ピーラーにんじんのツナあえ
- 99 にんじんとちくわのソース炒め / にんじんのきんぴら

キャベツ
- 100 キャベツの彩りレモンあえ / キャベツと鮭フレークのみそあえ
- 101 キャベツのうま煮 / キャベツの赤じそしょうゆあえ
- 102 キャベツのマスタードマリネ / キャベツと生ハムのレンジ蒸し
- 103 キャベツと豚バラのごまだれがけ キャベツの甘酢炒め

玉ねぎ
- 104 玉ねぎとささみのピリ辛サラダ / 玉ねぎのコンビーフ炒め
- 105 玉ねぎのシューマイ / 玉ねぎの赤ワインピクルス

5

ブロッコリー
- 106 ブロッコリースイートチリマヨ / ブロッコリーのバターしょうゆ
- 107 ブロッコリーの変わり白あえ / ブロッコリーの塩昆布あえ

トマト・プチトマト
- 108 トマトとひじきのしそポン酢 / トマトとさやえんどうのおひたし
- 109 トマトと鮭の重ね蒸し / トマトとアンチョビーのレンジ蒸し
- 110 トマトとベーコンのイタリアンサラダ / 中華風トマトあえ
- 111 白身魚のトマト蒸し / トマトの黒ごまがらめ

グリーンアスパラガス
- 112 アスパラじゃがの粒マスタード / アスパラのピーナッツバター
- 113 アスパラの牛巻き / アスパラの辛子ポン酢あえ

なす
- 114 なすのフレンチマリネ / なすとハムの中華あえ
- 115 なすと鶏肉のビネガー煮 / なすのゆずこしょう風味

かぼちゃ
- 116 かぼちゃとチーズのサラダ / かぼちゃの煮もの
- 117 かぼちゃのコンビーフバター / かぼちゃのくるみ茶巾

ピーマン
- 118 ピーマンと豆のマリネ / ピーマンとツナのさっと煮
- 119 ピーマンのじゃこ炒め / ピーマンののりあえ

パプリカ
- 120 パプリカのカレーマリネ / パプリカのチーズおかか
- 121 パプリカと蒸し鶏の梅ねぎあえ / パプリカのにんにくしょうゆ漬け

もやし
- 122 もやしとベーコンのサラダ / もやしのめんつゆ炒め煮
- 123 もやしと牛肉のレンジ蒸し / もやしのナムル

長ねぎ
- 124 長ねぎのジンジャーマリネ / 無限長ねぎ
- 125 長ねぎ肉巻き / 長ねぎのうま塩ごまあえ

大根
- 126 大根のゆず甘酢漬け / 大根の甘みそがらめ
- 127 大根と豚バラの韓国風煮もの / 大根のおだし煮

かぶ
- 128 かぶとチキンのカレーマヨサラダ / かぶと油揚げの煮びたし
- 129 かぶとベーコンのうま煮 / かぶの甘酢がけ

ほうれん草
- 130 ほうれん草ときのこのチーズサラダ / ほうれん草の白あえ
- 131 ほうれん草と鮭のみそマヨ / ほうれん草の和風ペペロンチーノ
- 132 ほうれん草ともやしのごま塩だれ / ほうれん草とあさりの塩バター蒸し
- 133 ほうれん草とベーコンの重ね蒸し / ほうれん草のごまあえ

小松菜
- 134 小松菜としめじのマリネ / 小松菜のたらこあえ
- 135 小松菜とツナのおかかしょうゆ煮 / 小松菜のナムル

水菜
- 136 水菜とささみのごまサラダ / 水菜とえのきのおひたし
- 137 水菜とさつま揚げの煮びたし / 水菜の中華風蒸し

白菜
- 138 白菜とかにかまのサラダ / 白菜とベーコンの重ね蒸し
- 139 白菜と鶏肉のうま煮 / ラーパーツァイ

レタス
- 140 蒸しレタスのゆずこしょうサラダ / レタスとトマトのポン酢蒸し
- 141 レタスと鶏ひき肉のミルフィーユ / レタスのおひたし

ごぼう
- 142 ごぼうの明太サラダ / きんぴらごぼう
- 143 ごぼうと豚肉のさっと煮 / たたきごぼうの甘酢煮

れんこん
- 144 れんこんと枝豆の明太マヨ / れんこんのみそだれ蒸し
- 145 れんこんの肉詰め甘酢あんかけ / れんこんの赤じそあえ

さつまいも
- 146 さつまいもココナッツミルクサラダ / さつまいものそぼろ煮
- 147 さつまいもとウインナーのマヨマスタード / さつまいものはちみつごまバター

じゃがいも
- 148 ベーコンポテトサラダ / じゃがいものペペロンチーノ
- 149 じゃがいもと豚肉のスタミナ蒸し / じゃがバタうま煮

里いも
- 150 里いものクリームチーズサラダ / 里いもの梅おかか
- 151 里いもと鶏肉の煮もの / 里いもの甘みそがけ

きのこ
- 154 きのこの和風マリネ / 3種きのこのバターしょうゆ蒸し
- 155 まいたけと鮭のバタポン蒸し / えのきのカレー風味
- 156 きのこのはちみつポン酢マリネ / しめじと豚ひき肉のピリ辛煮
- 157 しいたけのツナ詰め / マッシュルームのアヒージョ風

大豆・大豆製品
- 158 油揚げと野菜のマリネ / しょうがじょうゆ豆
- 159 大豆とズッキーニのトマト煮 / 厚揚げのみそ煮

その他豆類
- 160 ミックスビーンズといんげんのサラダ / ひよこ豆の甘煮
- 161 グリーンピースとささみのチリソース炒め / ミックスビーンズのカレー煮

切り干し大根
- 162 切り干し大根のごまサラダ / 切り干し大根の塩昆布煮
- 163 じゃこ入り切り干し大根 / 切り干し大根のさっぱり煮

昆布・わかめ・ひじき
- 164 ひじきの梅サラダ / わかめとキャベツのピリ辛ナムル
- 165 刻み昆布と豚肉の煮もの / ひじきのしょうがつくだ煮

こんにゃく・しらたき
- 166 しらたきの中華サラダ / みそこんにゃく
- 167 こんにゃくきんぴら / 手綱こんにゃくの煮もの

- 172 素材・タイプ別さくいん

Column
- 152 もう1品！ 便利食材の時短レシピ
- 168 電子レンジでできる！ 具だくさん汁もの
- 170 電子レンジでできる！ お手軽スイーツ

この本のきまり
- 小さじ1は5ml、大さじ1は15ml、1カップは200ml、お米1合は180mlです。
- 材料の分量はほとんどが4～5人分です。一部、1人分、2人分などもあります。
- 電子レンジは600Wを使用しています。500Wの場合は加熱時間を1.2倍、700Wの場合は加熱時間を0.8倍にしてください。
- 電子レンジの加熱時間はめやすです。メーカーや機種によって異なる場合があるので、様子を見ながら調整してください。
- 冷蔵、冷凍の保存期間はめやすです。食品の扱いに気をつけ、食べる前に必ず状態を確認しましょう。

電子レンジの作りおきで もっとラクになる

電子レンジ調理はとってもラクチン。
ハードルが高そうにみえる作りおきも、かんたんに作れます。

時短でラクチン

鍋だと15分はかかるけど…
レンチンなら8分！

材料を切って、調味料と合わせてレンチンするだけ。どんなおかずも手軽に完成します。

かぼちゃの煮もの ▶ P116

少ない手間で作りおきができる！

ほったらかしでOK！

ふだん料理を作るのとほとんど同じ手間で、たっぷり作りおきおかずが作れます。また、電子レンジで加熱している間は、ほかのことも同時に作業できます。

洗いものが少なくてすむ

＼後片付けがラクチン／

フライパンや鍋を使わないので、洗いものの量が減らせます。また、火を使わないですむので、暑い季節はとくに助かります。

ヘルシーで栄養も逃がさない

＼揚げずにカロリーオフ／

鶏のから揚げ ▶ P24

揚げものも電子レンジなら少量の油で作れます。また、電子レンジ調理は栄養やうまみが逃げづらいのも特徴です。

帰ってからでもすぐ作れる！

短時間でささっと作れるので、仕事から帰って作る夜ごはんや、慌ただしい朝のお弁当作りにもとても役立ちます。

＼夜ごはんも／

＼お弁当も／

この1冊でこんなに作れる！

この本では、メインおかずとサブおかずを、それぞれ4タイプに分けています。
目的に合わせたレンチンおかずで、献立作りの悩みを解消しましょう。

メインおかずの4タイプ

献立の中心になる主菜を紹介しています。

定番 — 王道おかず
みんな大好きな定番おかず。迷ったときはコレ！

長持ち — 冷蔵で4日以上もつ
保存期間が比較的長く、日持ちしやすいおかず

ヘルシー — 野菜がたっぷり
献立に取り入れると栄養バランスが整いやすい

変身 — アレンジ自在
そのままでもアレンジしてもおいしい

サブおかずの4タイプ

彩りがよいサブおかずは、毎日の献立に重宝します。

サラダ・マリネ
箸やすめになる
さっぱりしている野菜おかず。食感もたのしい

ボリューム
メインにもおすすめ
肉、魚介、卵などが入っていて主菜にもなる

スピード
15分以内で作れる
忙しいときにさっと作れるお手軽メニュー

食材ひとつ
シンプルレシピ
メインで使う食材が1種類だけあれば作れる

選びやすい 便利な味わいアイコン

すべてのおかずに味わいアイコンがついています。9種類あるので、味かぶりが避けられます。

| 塩味 | しょうゆ味 | みそ味 | 甘辛 | さっぱり |
| こっくり | ピリ辛 | スパイシー | 甘酸っぱい |

まとめ作りが便利！
おかずのセットを作ろう

メインおかずの4タイプ 定番 ヘルシー 長持ち 変身 と
サブおかずの4タイプ サラダ・マリネ スピード ボリューム 食材ひとつ からバランスよく選んで、
あなたにぴったりの献立を作りましょう。

基本のセット

   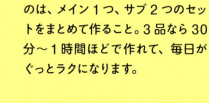

メイン　　サブ　　　サブ

×1　　　　　×2

電子レンジの作りおきでおすすめなのは、メイン1つ、サブ2つのセットをまとめて作ること。3品なら30分～1時間ほどで作れて、毎日がぐっとラクになります。

3つまとめて作っておくとラクチン

自由自在に組み合わせよう！

セット例① バランス◎セット

メイン　　サブ　　　サブ

ヘルシー　サラダ・マリネ　食材ひとつ
×1　　　　×1　　　　×1

野菜がたっぷりとれる

野菜不足だと感じている人には、メインおかずでも野菜たっぷりの「ヘルシー」を。サブおかずの「サラダ・マリネ」と「食材ひとつ」と組み合わせるのがおすすめ。栄養バランスが整いやすくなります。

セット例 ② がっつりセット

メイン
定番 ×1

サブ
ボリューム ×1

サブ
スピード ×1

ボリューム満点！食べ盛りも満足

しっかり食べたいときにはメインおかずとしても食べられる「ボリューム」を。「定番」と「スピード」と組み合わせれば、手早く大満足な献立が作れます。

セット例 ③ お弁当便利セット

メイン
変身 ×1

サブ
スピード ×1

サブ
食材ひとつ ×1

忙しい朝でも！

アレンジしやすい「変身」を作っておけば、マンネリしないお弁当に。短時間で作れる「スピード」や「食材ひとつ」なら朝でも作れます。お弁当以外にも、忙しくて時間がないときにも重宝するセットです。

ほかにも

組み合わせのヒント

- 旬の食材や味つけで選んでももちろんOK。
- 「ヘルシー」はサブおかずにも、「ボリューム」はメインおかずにもなるので、それぞれ代用してもOK。

上手に活用しよう

3品一気に まとめ作りのスケジュール

1台の電子レンジで複数のおかずを効率よく作る手順とポイントを紹介します。

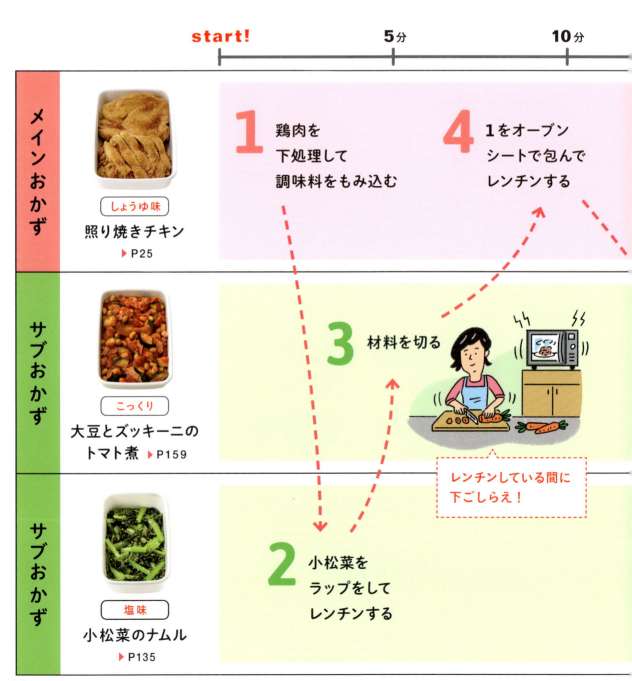

段取りのコツ

- 電子レンジで加熱している間に、他の下ごしらえをする
- 漬けたり、レンチン回数が多いものから始める
- 道具や調味料をあらかじめ出して用意しておく

冷ましたり、味をなじませるものから順に仕上げるのがコツ。

| 15分 | 20分 | 25分 | 30分 |

7 漬けだれに片栗粉を入れて混ぜ合わせる

8 4の上下を返して7のたれをかけてさらにレンチンする

6 すべての材料を混ぜ合わせてレンチンする

9 よく混ぜて味をなじませる

耐熱容器でそのまま味つけまで

5 調味料と切った2を混ぜ合わせて白ごまをふる

30分で3品 電子レンジだけで完成！

電子レンジ調理の基本をおさえよう

電子レンジ調理で失敗しないために、電子レンジの種類や機能、便利な容器について確認しておきましょう。

自宅の電子レンジのW数を確認する

500W・700Wの人はこの表を参考にして

加熱時間はW数によって変わります。この本は600Wが基準なので、500Wは1.2倍、700Wは0.8倍の時間をめやすとしてください。

500W	この本の基準 600W	700W
1分10秒	1分	50秒
2分20秒	2分	1分40秒
3分40秒	3分	2分20秒
4分50秒	4分	3分10秒

- 500W → 加熱時間を1.2倍に
- 600W → この本のレシピ通りに
- 700W → 加熱時間を0.8倍に
- 1000W → 加熱時間を0.6倍に

Q 電子レンジの機種によって違いはないの？

「温める」という点では、大きな違いはありません。それぞれの機種に得意分野がありますので、ライフスタイルに合わせて選びましょう。

スチーム

水蒸気で加熱するタイプ。余分な油を落とし、栄養素を逃さない。

オーブンつき

肉などをこんがりとジューシーに焼いたり、お菓子作りができる機能もある。

単機能

オーソドックスな電子レンジ。ひとり暮らしや料理初心者には使い勝手がよく便利。

フラットタイプ

庫内が広いので大きい皿も入りやすい。ターンテーブルがないが、加熱ムラはない。

容器の素材と形を確認する

素材
急な温度変化が起こるので、耐熱性のあるものを選びましょう。

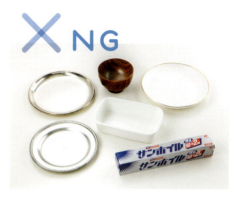

耐熱ガラスやシリコン容器、プラスチックコンテナは、調理もしやすく使い勝手バツグン。金属のついていない陶磁器もレンチンできますが、熱くなりすぎると破損することがあるので、加熱しすぎないこと。

アルミなどの金属のついた食器は、電磁波をはね返してしまうので電子レンジには向きません。耐熱性のないホーローや木製食器、紙や漆器類も避けましょう。

形
電子レンジ調理には、大きめの耐熱容器がおすすめ。
底の広さや深さなどを上手に使い分けると失敗しにくくなります。

汁けの多い、スープや煮びたしに

耐熱ボウル

水分をとばしたい、炒めものや焼きものに

耐熱皿

重ねずに加熱したい、肉の料理に

底が広い耐熱容器

※ 揚げものは浅くて底の広い耐熱皿に入れ、ラップなしでレンチンする。

失敗しない！
電子レンジの6つのポイント

電子レンジ調理でのありがちな失敗は6つのコツで防げます。
かしこく電子レンジを使いこなしましょう。

ポイント 1　容器に広げて加熱

肉、魚や根菜類などの食材は、平らに広げて並べます。熱が通りやすくなり、加熱ムラが防げます。

ポイント 2　肉や魚は上にのせる

野菜などを敷いた上に肉や魚をのせてレンチンすると、うまみが野菜までしみ込みます。肉や魚も適度な水分が入り、よりジューシーに。

ポイント 3　余熱を使う

加熱したあとの余熱を利用しましょう。加熱後に電子レンジに入れたままにしたり、ラップをしたまま蒸らすことで、長時間加熱するよりもやわらかく仕上がります。

ポイント 4 ラップの使い分けで上手に調理する

ほとんどの調理

揚げもの炒めもの

ほとんどの調理はふんわりとラップをかけて蒸気を適度に逃がしながらレンチンします。ピクルスなど、酢の酸味をあまりとばしたくない場合は、ぴったりとラップをかけましょう。

水分をなるべくとばしたい揚げものや炒めものは、適度な油で食材をコーティングして、ラップなしでレンチンします。少しの油でもカラッと仕上がります。

ポイント 5

こまめに加熱

肉料理や煮ものなど、じっくり調理したいものは、加熱を複数に分けます。途中で混ぜたり上下を返すと、味や加熱のムラがなくなります。

ポイント 6 後入れテクを使う

熱が通りづらい食材や大きめに切った食材は、はじめの加熱でしっかり熱を入れます。そのあと、ほかの食材と合わせてさらに加熱すると、食感が均一になります。

これで安心！
電子レンジの作りおき保存

作りおきで大切なことは、正しく保存すること。
正しい保存をすればおいしく長持ちします。ただし、保存期間には気をつけて。

１ 調理と保存は別の容器で

調理のときは耐熱容器に入れて、電子レンジでしっかり加熱する。

水滴が残っていると、雑菌が繁殖する原因になります。調理するときは、保存する容器とは別の容器を使いましょう。

おいしーい

すぐに食べてもOK！

２ 冷まして保存容器に詰める

作りおきするものはしっかりと冷まして、おかずの量がぴったり入る保存容器を選んで。食品由来のアルコールスプレーで除菌をするなど、清潔なものを使いましょう。

清潔な箸やスプーンなどで移し替える。

3 しっかり密閉して冷蔵・冷凍する

劣化を防ぐため、おかずはなるべく空気に触れないようにしっかりと密閉しましょう。作った日付と内容をラベルやマスキングテープに書いて貼っておくと忘れません。

空気にふれると日持ちが悪くなったり、冷凍焼けをおこしてしまうので、しっかり密閉する。

4 食べる分だけ取り出す

清潔な箸やスプーンを使って、保存容器から食べる分を取り出し、冷えているうちにまた保存しなおしましょう。

保存期間を守り、おいしいうちに食べきる。

盛りつけるだけ！

おすすめの保存容器

冷蔵
● ホーロー容器
色がつきやすい料理でも汚れが落ちやすく、保存に便利。電子レンジ加熱や冷凍はできない。

冷蔵・冷凍
● プラスチックコンテナ
手軽に使いやすく、かさばらない。最近では冷凍、電子レンジ加熱できるものも多く売られている。

冷蔵
● びん
ピクルスなどの酢漬けなどを保存するのに便利。ジャムなどの空きびんを活用するとよい。

冷蔵・冷凍
● 保存袋
冷蔵、冷凍にも使えて電子レンジ加熱もできる。保存するときは空気をしっかり抜いて。

おすすめの調理容器については ▶ **P17**

この本の使い方

この本は、前半はメインおかず、後半はサブおかずのレシピで構成しています。
すべて電子レンジで作るレシピです。

1 レンチンのポイント

その食材を、電子レンジで調理するときの全体的なコツを示しています。

2 レンチンするだけ！

レンジで加熱するだけで作れる、かんたんなレシピを紹介しています。

3 保存期間

料理の冷蔵、冷凍の保存期間のめやすです。

4 ミニコラムを活用して

● レンジのコツ
電子レンジならではの調理のコツを紹介しています。

● バリエーション
材料や味つけを変更する場合の分量を紹介しています。

● 調理法チェンジ
電子レンジ以外で調理する場合の作り方を紹介しています。

● リメイク
アレンジやリメイクのアイデアを紹介しています。

メインおかず
肉類・魚介類・豆腐・卵

4タイプのメインおかずのレシピを紹介します。

＼定番／

＼長持ち／

＼ヘルシー／

＼変身／

メインおかず

鶏もも肉

◎ 調味料をもみ込んでから加熱すると味がなじむ
◎ 加熱は2回に分け、途中で上下を返すと、中まで熱が通る

定番

冷蔵 3日 / 冷凍 1か月　塩味

揚げてないのにカラッとジューシー
鶏のから揚げ

材料（4〜5人分）

鶏もも肉 …………… 2枚（500g）
A ┌ 酒 ……………………… 大さじ1
　├ おろしにんにく ……… 1片分
　├ しょうゆ、塩 …… 各小さじ1
　└ こしょう ……………………… 少々
片栗粉、サラダ油 … 各大さじ2

作り方 ⏱ 15分（＋漬け時間10分）

1 鶏もも肉はひと口大に切る。
2 ボウルにAを混ぜて1の鶏肉を入れ、もみ込んで10分おき、片栗粉をまぶす。
3 耐熱容器にオーブンシートを敷き、2の鶏肉の皮目を上にして並べる。サラダ油を全体に回し入れて、ラップをせずに電子レンジで5分加熱する。取り出して上下を返し、ラップをせずにさらに5分加熱する。

 調理法チェンジ

170℃に熱した揚げ油に2を入れて8〜10分ほど揚げる

ヘルシー

冷蔵 3日 / 冷凍 1か月　こっくり

トマトのコク深い味わい
鶏肉のトマト煮

材料（4〜5人分）

鶏もも肉 ……… 小2枚（300g）
トマト ……………………………… 2個
玉ねぎ ……………………………… 1/2個
さやいんげん ……………………… 4本
にんにく …………………………… 1片
A ┌ 水 ……………………………… 50ml
　├ 塩 …………………………… 小さじ1/2
　└ こしょう …………………………… 少々

作り方 ⏱ 20分

1 鶏もも肉はひと口大に切る。トマト、玉ねぎはくし形切りに、さやいんげんは3等分に切る。にんにくは半分に切って包丁でつぶす。
2 耐熱容器に1とAを入れ、ふんわりとラップをして電子レンジで5分加熱する。
3 取り出してトマトをつぶしながら混ぜ、ラップをせずにさらに8分加熱する。

🍆🧄🧅 バリエーション

鶏もも肉小2枚（300g）
→ 鶏ささみ8本（320g）

レンチンするだけ！ しっとり蒸し鶏（1枚250g）

冷蔵 3日 ／ 冷凍 1か月

ふんわりラップをして ⏱ 4分

下準備
① フォークで数か所穴をあける
② 酒大さじ1をふりかける

コクと酸味が香り立つ本格派
バターチキンカレー

材料（4〜5人分）

鶏もも肉 …………… 2枚（500g）
玉ねぎ ……………………… ½個
A［
　プレーンヨーグルト ‥100g
　カレー粉 …………… 大さじ2
　おろしにんにく …… 小さじ2
　塩 …………………… 小さじ½
］
B［
　カットトマト（缶詰）
　　………………… ½缶（200g）
　生クリーム ………… 100mℓ
　バター ………………… 30g
　コンソメスープの素（顆粒）
　　…………………… 大さじ1
］

作り方 ⏱ 20分（＋漬け時間 20分）

1. 鶏もも肉はひと口大に切る。玉ねぎはみじん切りにする。
2. 耐熱容器に A を混ぜ合わせ、1 を入れてもみ込み20分おく。
3. B を加えて混ぜ合わせ、ふんわりとラップをして電子レンジで8分加熱する。取り出して混ぜ、ラップをせずにさらに8分加熱する。

長持ち

冷蔵 5日 ／ 冷凍 1か月　スパイシー

甘辛だれがとろりと肉にからむ
照り焼きチキン

材料（4〜5人分）

鶏もも肉 …………… 2枚（500g）
A［
　酒、しょうゆ …… 各大さじ4
　砂糖、みりん …… 各大さじ2
　おろししょうが …… 小さじ1
　塩、こしょう ……… 各少々
］
片栗粉 ………………… 小さじ1
サラダ油 ……………… 小さじ1

作り方 ⏱ 15分（＋漬け時間 10分）

1. 鶏もも肉は A をもみ込んで10分おく。
2. 1 の鶏肉を取り出し、漬けだれはとっておく。鶏肉はサラダ油をまぶし、オーブンシートで皮目が上になるように包む。耐熱容器にのせ、ラップをせずに電子レンジで5分加熱する。
3. 漬けだれは片栗粉を加えて混ぜ合わせる。
4. 取り出して上下を返し、3 を回し入れる。オーブンシートで包み、さらに4分加熱したら、扉を開けずに2分蒸らす。

変身

リメイク

パンにはさんでサンドイッチに、ごはんにのせて照り焼き丼に。

冷蔵 4日 ／ 冷凍 1か月　しょうゆ味

メインおかず（鶏もも肉）

定番

冷蔵 3日 ｜ 冷凍 1か月　こっくり

チーズのコクがかくし味
鶏肉のシチュー

材料（4〜5人分）

鶏もも肉 ……………… 2枚（500g）
玉ねぎ …………………………… 1個
塩 …………………………… 小さじ1
こしょう ………………………… 少々
小麦粉 …………………………… 適量
A ┌ コンソメスープの素（顆粒）
　│ ……………………… 小さじ2
　│ 酒 ………………… 大さじ2
　└ 水 ………………… 100ml
B ┌ 牛乳 ……………… 300ml
　│ ミックスベジタブル（冷凍）
　│ …………………………… 100g
　│ パルメザンチーズ、小麦粉
　│ ……………………… 各大さじ2
　└ バター ………………… 10g

作り方　⏱15分

1. 鶏もも肉はひと口大に切り、塩、こしょうをふって、小麦粉を薄くまぶす。玉ねぎは2cm角に切る。
2. 耐熱容器にAを混ぜて1を入れ、ラップをせずに電子レンジで6分加熱する。
3. 取り出してひと混ぜしたら、Bを加える。ラップをせずにさらに4分加熱したら、塩、こしょう（分量外）で味を調える。

ヘルシー

冷蔵 3日 ｜ 冷凍 1か月　しょうゆ味

めんつゆが味の決め手
鶏肉のめんつゆ煮

材料（4〜5人分）

鶏もも肉 ……………… 2枚（500g）
れんこん ……………………… 200g
にんじん ……………………… ½本
さやいんげん ………………… 4本
塩、こしょう ………………… 各少々
A ┌ めんつゆ（3倍濃縮）…… 50ml
　└ 水 …………………… 100ml

作り方　⏱20分

1. 鶏もも肉はひと口大に切り、塩、こしょうをふる。
2. れんこん、にんじんは皮をむいて乱切りにする。さやいんげんはすじを除き、4等分の長さに切る。
3. 耐熱容器に鶏肉、れんこん、にんじん、Aを入れて混ぜ、ふんわりとラップをして電子レンジで5分加熱する。
4. 取り出してさやいんげんを加えて混ぜ、ラップをしてさらに5分加熱する。取り出して混ぜ、ラップをかけなおしたら、粗熱がとれるまで蒸らす。

🍲 調理法チェンジ

フライパンにごま油を熱して1を焼き、Aとれんこん、にんじんを加えて汁けがなくなるまで煮詰める。最後にさやいんげんを入れてさっと煮る。

甘辛味でごはんがすすむ韓国おかず
ダッカルビ

材料（4〜5人分）

鶏もも肉 ………… 2枚（500g）
玉ねぎ ……………………… 小1個
じゃがいも ………………… 2個
A ┌ 酒、しょうゆ、コチュジャン
  │ …………………… 各大さじ2
  │ はちみつ、ごま油 … 各大さじ1
  │ おろしにんにく …… 小さじ1
  └ 一味唐辛子 ………… 少々
コチュジャン ………… 小さじ2

作り方 ⏱20分（+漬け時間20分）

1 鶏もも肉はひと口大に切る。玉ねぎはくし形切りにしてAをもみ込み20分おく。
2 じゃがいもは皮をむいてひと口大に切り、耐熱容器に入れる。ふんわりとラップをして、電子レンジで3分加熱する。
3 別の耐熱容器に1をたれごと入れ、ふんわりとラップをして5分加熱する。
4 取り出して、鶏肉の上下を返すようにひと混ぜする。ラップをしてさらに4分加熱したら、2、コチュジャンを加えて混ぜる。

冷蔵 4日 ／ 冷凍 1か月　ピリ辛

長持ち

 **バリエーション**

じゃがいも2個（250g）
→ さつまいも1本（300g）

香味野菜のたれがあとをひく
蒸し鶏のねぎ香味だれ

材料（4〜5人分）

鶏もも肉 ………… 2枚（500g）
塩 ……………………… 小さじ1
こしょう ………………… 少々
酒 ……………………… 大さじ4
A ┌ ごま油、酢、しょうゆ
  │ …………………… 各大さじ2
  │ しょうが（みじん切り）、砂糖
  │ …………………… 各小さじ1
  └ 長ねぎ（みじん切り）… ½本分

作り方 ⏱15分

1 鶏もも肉は塩、こしょうをふる。耐熱容器に入れて酒をふりかけ、ふんわりとラップをして電子レンジで5分加熱する。
2 取り出して上下を返し、ラップをしてさらに2分30秒加熱する。扉を開けずに粗熱がとれるまで蒸らし、食べやすく切る。
3 ボウルにAを混ぜ合わせ、2にかける。

冷蔵 3日 ／ 冷凍 2週間　さっぱり

変身

リメイク

葉野菜や薄切りにしたパプリカなどと合わせて、中華風チキンサラダに。

27

メインおかず

鶏むね肉

◎ 余分な脂肪とすじを除くと、肉がかたくなるのが防げる
◎ 余熱で蒸らすと、しっとりとした食感になる

定番

冷蔵 3日 ｜ 冷凍 ✕ ｜ しょうゆ味

卵がふわふわでほっとする味わい

親子煮

材料（4〜5人分）

- 鶏むね肉 ………… 2枚（500g）
- 玉ねぎ ………………………… 1個
- 卵 ……………………………… 2個
- A
  - 酒、みりん、しょうゆ …… 各50㎖
  - 和風だしの素（顆粒）、砂糖 …… 各小さじ1
  - 塩 ……………………………… 少々

作り方 ⏱ 15分（＋漬け時間10分）

1. 鶏むね肉はひと口大のそぎ切りにし、混ぜ合わせたAをもみ込んで10分おく。玉ねぎはくし形切りにする。
2. 耐熱容器に1を入れ、ふんわりとラップをして電子レンジで5分加熱する。取り出して上下を返すようにひと混ぜし、ラップをしてさらに3分加熱する。
3. ボウルに卵を溶きほぐして2に回し入れ、ラップをしてさらに1分加熱する。

バリエーション

鶏むね肉2枚（500g）
→ 豚バラかたまり肉500g

ヘルシー

冷蔵 3日 ｜ 冷凍 1か月 ｜ さっぱり

ゆずこしょうが効いた和風味

鶏肉とブロッコリーのナムル

材料（4〜5人分）

- 鶏むね肉 ………… 2枚（500g）
- ブロッコリー …………………… 1株
- 塩、こしょう ………………… 各少々
- 酒 ………………………… 大さじ4
- A
  - 酢、ごま油 ………… 各大さじ2
  - ゆずこしょう ………… 小さじ2
  - 砂糖 ………………… 小さじ1
  - 塩 ……………………………… 少々

作り方 ⏱ 15分

1. 鶏むね肉は観音開きにし、塩、こしょうをふる。ブロッコリーは小房に分けて水に通す。
2. 耐熱容器に1の鶏肉を入れて酒をふりかけ、ふんわりとラップをして電子レンジで3分加熱する。取り出して上下を返し、ラップをしてさらに3〜4分加熱する。取り出して粗熱がとれるまで蒸らし、食べやすく手で裂く。
3. 別の耐熱容器にブロッコリーを入れ、ラップをして2分加熱する。2、Aを入れて、あえる。

バリエーション

ゆずこしょう小さじ2
→ 粉山椒小さじ1

レンチンするだけ！ サラダチキン風（1枚250g）

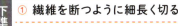

冷蔵	冷凍
3日	1か月

ふんわりラップをして
⏱ **3分**
扉を開けずに余熱3分

下準備
① 繊維を断つように細長く切る
② 砂糖・塩各少々、酒大さじ1をもみ込む

豆板醤でパンチを効かせたうま辛風味
鶏むね肉のピリ辛ケチャップ煮

材料（4〜5人分）

- 鶏むね肉……小2枚（400g）
- 玉ねぎ……小1個
- ピーマン……2個
- 大豆（水煮）……100g
- A
  - トマトケチャップ……大さじ3
  - 豆板醤、しょうゆ……各大さじ1
  - 砂糖……小さじ2
  - おろしにんにく……小さじ1
- トマトケチャップ……大さじ1

作り方 ⏱ 15分（+漬け時間10分）

1. 鶏むね肉はひと口大に切り、Aをもみ込み10分おく。玉ねぎ、ピーマンは1cm角に切る。
2. 耐熱容器に1と大豆を広げ入れ、ふんわりとラップをして電子レンジで5分加熱する。取り出してひと混ぜし、ラップをしてさらに4分加熱する。
3. 取り出したら、トマトケチャップを加えて混ぜる。

長持ち

冷蔵	冷凍
4日	1か月

ピリ辛

 **リメイク**
チーズをのせて焼いてグラタン風に。

シンプルなのにあとひくうまさ
鶏ハム

材料（4〜5人分）

- 鶏むね肉……小2枚（400g）
- A
  - 塩……小さじ1
  - こしょう……少々
  - はちみつ……小さじ2
  - 酒……大さじ1

作り方 ⏱ 20分

1. 鶏むね肉は観音開きにする。ラップではさみ、めん棒でたたいて2倍の大きさに広げる。
2. 1にAを順にもみ込んで、1本ずつ棒状に巻き、ラップでキャンディー包みにする。ラップの上からつま楊枝で数か所穴をあける。
3. 耐熱容器に2をのせ、電子レンジで5分加熱する。取り出して上下を返し、さらに5〜6分加熱する。扉を開けずに粗熱がとれるまで蒸らし、食べやすく切り分ける。

変身

冷蔵	冷凍
3日	1か月

塩味

リメイク
細かく切ってあえものに。薄くスライスしてうどんやラーメンの具材に。

メインおかず（鶏むね肉）

スパイスが香る本格味
むね肉のタンドリーチキン

材料（4〜5人分）

鶏むね肉 ……………… 2枚(500g)
玉ねぎ ………………………… ½個
塩、こしょう …………………… 各少々
A［ プレーンヨーグルト … 120g
　　 カレー粉、トマトケチャップ、
　　 しょうゆ ………… 各大さじ1
　　 おろししょうが、おろしにんにく
　　 　………………… 各小さじ1
オリーブ油 …………… 大さじ2

作り方 ⏱20分(＋漬け時間10分)

1. 鶏むね肉はひと口大に切り、塩、こしょうをふる。玉ねぎはみじん切りにする。
2. 耐熱容器にAを混ぜ合わせて、1を加え、もみ込んで10分ほどおく。
3. 2にオリーブ油を回し入れ、ふんわりとラップをして電子レンジで5分加熱する。
4. 取り出してひと混ぜし、ラップをしてさらに2分加熱したら、扉を開けずに2分蒸らす。

定番 | 冷蔵4日 | 冷凍1か月 | スパイシー

 レンジのコツ

耐熱容器に重ならないように広げると、加熱ムラを防ぐ。

レーズンでほのかな甘みをプラス
鶏肉とセロリのマヨあえ

材料（4〜5人分）

鶏むね肉 ……………… 2枚(500g)
セロリ ………………………… 1本
酒 …………………………… 大さじ1
A［ マヨネーズ ………… 大さじ3
　　 プレーンヨーグルト
　　 　………………… 大さじ2
　　 カレー粉 ………… 小さじ½
　　 塩、こしょう ……… 各適量
レーズン ……………… 大さじ2
パセリ（みじん切り）………… 少々

作り方 ⏱15分

1. 鶏むね肉は切り込みを入れて厚みを均一にする。セロリはすじを除いて斜め薄切りにする。
2. 耐熱容器に1の鶏肉を入れて酒をふりかける。ふんわりとラップをして電子レンジで4〜5分加熱する。扉を開けずに粗熱がとれるまで蒸らし、食べやすく手で裂く。
3. ボウルに混ぜ合わせた1のセロリ、2、A、レーズンを加えてあえ、パセリをふる。

ヘルシー | 冷蔵3日 | 冷凍× | こっくり

 **バリエーション**

レーズン大さじ2
→ グリーンピース（冷凍）30g

和の味しみ込むごちそうおかず
鶏肉のすき焼き

材料（4～5人分）
- 鶏むね肉 …… 小2枚（400g）
- 長ねぎ …… 1本
- しいたけ …… 5個
- 酒 …… 50mℓ
- A
  - しょうゆ、みりん … 各60mℓ
  - 酒 …… 大さじ2
  - 砂糖 …… 大さじ1

作り方 ⏱15分

1. 鶏むね肉はひと口大のそぎ切りにして、酒をふりかける。
2. 長ねぎは斜め切りにし、しいたけは石づきを落として斜め2等分にする。
3. 耐熱容器に2、1の順に入れ、混ぜ合わせたAを回し入れる。ふんわりとラップをして、電子レンジで6分加熱する。
4. 取り出して上下を返すように混ぜ、ラップをしてさらに3分加熱する。

長持ち

冷蔵4日 冷凍1か月 しょうゆ味

 調理法チェンジ

鍋にAを入れて煮立て、鶏肉を入れて10分煮る。長ねぎとしいたけを加えてさらに煮込む。

しっとりやわらかで黒こしょうが香ばしい
ペッパーチキン

材料（4～5人分）
- 鶏むね肉 …… 小2枚（400g）
- 酒 …… 大さじ1
- 塩 …… 小さじ½
- 粗びき黒こしょう …… 少々
- 片栗粉 …… 適量

作り方 ⏱15分（＋漬け時間10分）

1. 鶏むね肉は大きめのそぎ切りにして、酒をふりかけて10分ほどおく。
2. 1の水けをふいて、塩、粗びき黒こしょうをふり、片栗粉を薄くまぶす。
3. 耐熱容器に2を広げ入れ、ふんわりとラップをして電子レンジで3分加熱する。
4. 取り出して上下を返し、ラップをしてさらに3～4分加熱する。扉を開けずに粗熱がとれるまで蒸らす。

変身

冷蔵4日 冷凍1か月 塩味

リメイク

パンにはさんでサンドイッチにしたり、細かく切ってピラフの具材に。

メインおかず

鶏ささみ

◎ 調味料をもみ込んでから加熱すると、パサつきが防げる
◎ すじを取り除き、肉の厚さを均一にしてから加熱すると、熱が均一に通る

定番

冷蔵 3日 ｜ 冷凍 1か月　こっくり

中華風味でもりもり食べられる

バンバンジー

材料（4～5人分）

鶏ささみ	6本(240g)
きゅうり	1本
長ねぎ	½本
A 酒	大さじ2
おろししょうが	小さじ1
塩	少々
B マヨネーズ、酢、白すりごま	各大さじ2
しょうゆ、砂糖	各小さじ1

作り方 ⏱10分（＋漬け時間10分）

1. 鶏ささみは真ん中に切り込みを入れて開き、**A**をもみ込んで10分おく。きゅうりは細切り、長ねぎは白髪ねぎにする。
2. 耐熱容器に**1**の鶏肉を広げ入れ、ふんわりとラップをして<u>電子レンジで4分加熱する</u>。扉を開けずに粗熱がとれるまで蒸らしたら、食べやすく手で裂く。
3. ボウルに**B**を混ぜ、**2**、きゅうり、長ねぎを加えてあえる。

レンジのコツ
余熱で蒸らすことで、かたくならずに中まで熱が通る。

ヘルシー

冷蔵 3日 ｜ 冷凍 1か月　さっぱり

ささみのうまみをドレッシングに

ささみのごまあえ

材料（4～5人分）

鶏ささみ	3本(120g)
スナップえんどう	16本
玉ねぎ	¼個
A 酒	大さじ1
砂糖、塩	各少々
B 白すりごま	大さじ2
酢	小さじ2
塩	小さじ½
こしょう	少々

作り方 ⏱15分

1. 鶏ささみは**A**をもみ込む。玉ねぎは薄切りにして水にさらしてザルにあげる。
2. スナップえんどうはすじを除き、斜め半分に切る。ふんわりとラップに包み、<u>電子レンジで1分加熱</u>する。
3. 耐熱容器に鶏肉を入れ、ふんわりとラップをして<u>2～3分加熱</u>する。扉を開けずに粗熱がとれるまで蒸らしたら、食べやすく手で裂く。蒸し汁はとっておく。
4. ボウルに蒸し汁と**B**を合わせ、鶏肉、玉ねぎ、**2**を入れてあえる。

バリエーション
白すりごま大さじ2
→ マヨネーズ大さじ2

レンチンするだけ！ ヘルシー蒸し鶏 (3本 120g)

冷蔵 3日 ／ 冷凍 1か月

ふんわりラップをして ⏱ 3分

下準備
① 余分なすじを取り除く
② 塩・酒少々をまぶす

長持ち

鶏のうまみでさらにコク深く
鶏のみそマヨネーズ焼き

材料（4〜5人分）

鶏ささみ …………… 6本（240g）
A ┌ マヨネーズ、みそ
　│ …………… 各大さじ2
　│ しょうが（粗みじん切り）
　└ …………… 1片分
七味唐辛子 …………… 少々

作り方 ⏱ 10分

1. 鶏ささみは包丁で細かく切り込みを入れる。ひと口大に切り、Aをもみ込む。
2. 耐熱容器に鶏肉を広げ入れ、ふんわりとラップをして電子レンジで4分加熱する。扉を開けずに2分蒸らしたら、七味唐辛子をふる。

 **バリエーション**

鶏ささみ6本（240g）
→ 鶏ひき肉250g

冷蔵 4日 ／ 冷凍 1か月　**みそ味**

変身

梅でさっぱりヘルシーなあえもの
鶏ささみの梅肉あえ

材料（4〜5人分）

鶏ささみ …………… 6本（240g）
A ┌ 塩 …………… 少々
　└ 酒 …………… 大さじ2
梅干し …………… 大3個
B ┌ 酢 …………… 大さじ2
　│ しょうゆ …………… 大さじ1
　└ 砂糖、ごま油 … 各小さじ1
小ねぎ（小口切り）…………… 適量

作り方 ⏱ 10分（＋漬け時間 10分）

1. 鶏ささみは真ん中に切り込みを入れて開き、Aをもみ込んで10分おく。
2. 耐熱容器に鶏肉を入れ、ふんわりとラップをして電子レンジで4分加熱する。扉を開けずに粗熱がとれるまで蒸らしたら、食べやすく手で裂く。
3. 種を除いてたたいた梅干しをボウルに入れ、Bと混ぜる。2を加えてあえ、小ねぎを散らす。

リメイク
そうめんとあえて。ごはんと炒めてさっぱり和風チャーハンに。

冷蔵 3日 ／ 冷凍 1か月　**甘酸っぱい**

メインおかず

鶏手羽先

◎ 骨にそって切り込みを入れると、熱の通りが早い
◎ フォークで数か所穴をあけると、味がなじみやすい

定番

冷蔵 3日 / 冷凍 1か月　スパイシー

うま辛でごはんもお酒もすすむ
スパイシー手羽先

材料（4～5人分）

鶏手羽先………… **12本（600g）**

A ┌ しょうゆ ………… 大さじ4
　├ みりん …………… 大さじ2
　├ カレー粉 ………… 大さじ1
　├ おろしにんにく、はちみつ
　│　　　　　　　……… 各小さじ1
　└ 粗びき黒こしょう …… 少々
サラダ油 ………………… 適量

作り方 ⏱ 15分（+漬け時間10分）

1 鶏手羽先は、切り込みを入れて数か所穴をあけ、Aをもみ込み10分おく。

2 耐熱容器にサラダ油を薄く塗る。1を重ならないように並べ、漬けだれは別にとっておく。ふんわりとラップをして、電子レンジで5分加熱する。

3 取り出して上下を返し、漬けだれを回し入れる。ラップをしてさらに5分加熱する。

加熱は2回に分け、途中で上下を返すと均一に熱が通る。

ヘルシー

冷蔵 3日 / 冷凍 1か月　しょうゆ味

だしがしみ込んで芯までおいしい
手羽先と大根の煮もの

材料（4～5人分）

鶏手羽先………… **12本（600g）**
大根 ………………………… ½本
A ┌ しょうゆ ………… 大さじ3
　└ みりん、砂糖 …… 各大さじ2
B ┌ 水 ………………… 200ml
　└ めんつゆ（3倍濃縮）… 60ml

作り方 ⏱ 20分（+漬け時間10分）

1 鶏手羽先は、切り込みを入れて数か所穴をあけ、Aをもみ込み10分おく。大根は皮をむいて乱切りにする。

2 耐熱容器に1の大根を入れる。水でぬらしたペーパータオルをかぶせ、ふんわりとラップをして電子レンジで5分加熱する。

3 取り出してペーパータオルをはずし、1の鶏肉とBを加え、ラップをして5分加熱する。取り出して上下を返し、ラップをしてさらに5分加熱する。扉を開けずに粗熱がとれるまで蒸らす。

バリエーション

鶏手羽先12本（600g）
→ 鶏もも肉2枚（500g）

レンチンするだけ！味つけ手羽先（4本200g）

冷蔵 3日 ／ 冷凍 1か月

ふんわりラップをして
⏱ 3分+2分
途中で上下を返す

下準備
① 骨と骨の間に切れ目を入れる
② 塩・こしょう各少々、酒大さじ1をもみ込む
③ 耐熱皿に間隔をあけて並べ、サラダ油適量をまぶす

長持ち

にんにくの風味が食欲をそそる
手羽先とにんにくみそ漬け

材料（4〜5人分）
鶏手羽先……… 12本（600g）
A ｜ 酒、みそ ……… 各大さじ2
　｜ おろしにんにく …… 小さじ1
　｜ 塩、こしょう ……… 各少々

作り方 ⏱ 15分（+漬け時間10分）
1 鶏手羽先は、切り込みを入れて数か所穴をあけ、Aをもみ込み10分おく。
2 耐熱容器に1を重ならないように並べる。ふんわりとラップをして、電子レンジで5分加熱する。
3 取り出して上下を返し、ラップをしてさらに5分加熱する。

冷蔵 4日 ／ 冷凍 1か月　みそ味

調理法チェンジ
フライパンにサラダ油を熱し、弱中火で1をじっくり焼く。

変身

くたくた味しみねぎがポイント
手羽先とねぎの煮込み

材料（4〜5人分）
鶏手羽先……… 12本（600g）
長ねぎ ……………………… 2本
しょうが …………………… 1片
塩、こしょう …………… 各少々
A ｜ 酒、水 ………… 各100mℓ
　｜ 薄口しょうゆ ……… 大さじ2
　｜ ごま油 ……………… 大さじ1

作り方 ⏱ 20分
1 鶏手羽先は、切り込みを入れて数か所穴をあけ、塩、こしょうをふる。長ねぎは3cm長さに切り、しょうがはせん切りにする。
2 耐熱容器に長ねぎ、しょうが、鶏肉の順に入れて、混ぜ合わせたAを回し入れる。ふんわりとラップをして、電子レンジで5分加熱する。
3 取り出したら上下を返し、ラップをしてさらに5分加熱する。扉を開けずに粗熱がとれるまで蒸らす。

冷蔵 3日 ／ 冷凍 1か月　こっくり

リメイク
白菜やにんじんを加えて大根おろしをかけ、みぞれあえに。

メインおかず

鶏手羽元

◎ 骨にそって切り込みを入れ、フォークで数か所穴をあけると、熱が通りやすい
◎ 余熱で蒸らすと、しっとりとした食感になる

定番

冷蔵 3日 ／ 冷凍 1か月　こっくり

オイスターソースのうまみをプラスして
手羽元の中華煮

材料（4〜5人分）

鶏手羽元……… 12本（600g）
A ┌ オイスターソース …大さじ2
　 │ 酒、しょうゆ、ごま油
　 │ …………………… 各大さじ1
　 └ こしょう ……………… 少々

作り方 ⏱15分（＋漬け時間10分）

1 鶏手羽元は、切り込みを入れて数か所穴をあけ、Aをもみ込み10分おく。
2 耐熱容器に1を重ならないように並べる。ふんわりとラップをして、電子レンジで4分30秒加熱する。
3 取り出したら上下を返し、ラップをしてさらに4分加熱する。扉を開けずに粗熱がとれるまで蒸らす。

 バリエーション

鶏手羽元12本（600g）
→ 豚薄切り肉600g

ヘルシー

冷蔵 3日 ／ 冷凍 1か月　ピリ辛

野菜たっぷりがうれしい
手羽元のゆずこしょう焼き

材料（4〜5人分）

鶏手羽元……… 12本（600g）
しめじ ………………………… 1袋
長ねぎ ………………………… 1本
にんじん ……………………… 1/2本
A ┌ 塩、こしょう ……… 各少々
　 │ マヨネーズ ……… 大さじ2
　 └ ゆずこしょう …… 小さじ2
ごま油 ………………… 大さじ1

作り方 ⏱20分（＋漬け時間10分）

1 鶏手羽元は、切り込みを入れて数か所穴をあけ、Aをもみ込み10分おく。
2 しめじは石づきを落としてほぐし、長ねぎは斜め薄切り、にんじんは皮をむきせん切りにする。
3 耐熱容器に2、鶏肉の順に入れ、ごま油を回し入れる。ふんわりとラップをして、電子レンジで5分加熱する。
4 取り出して鶏肉の上下を返し、ラップをしてさらに5分加熱する。扉を開けずに3分蒸らす。

🍲 調理法チェンジ

フライパンにごま油を熱し、弱中火で1の鶏手羽元をじっくり焼き、野菜を加えて強火でさっと炒める。

レンチンするだけ！味つけ手羽元（4本 200g）

冷蔵 3日 ／ 冷凍 1か月

ふんわりラップをして
⏱ 3分 + 2分
途中で上下を返す

下準備
① フォークで数か所穴をあける
② 酒大さじ½、しょうゆ大さじ1、こしょう少々をもみ込む
③ 耐熱皿に間隔をあけて並べ、サラダ油適量をまぶす

おつまみにもうれしい甘辛味
手羽元の甘辛煮

長持ち

材料（4〜5人分）
- 鶏手羽元 …… 12本（600g）
- A
  - しょうゆ、みりん …各100㎖
  - 砂糖、酢 ………各大さじ3
  - おろしにんにく …小さじ1
- ごま油 …………………大さじ1
- 白いりごま ………………適量

作り方 ⏱ 20分（＋漬け時間 10分）
1. 鶏手羽元は、切り込みを入れて数か所穴をあけ、**A**をもみ込み10分おく。
2. 耐熱容器に**1**を重ならないように並べ、ごま油を回し入れる。ふんわりとラップをして、電子レンジで5分加熱する。
3. 取り出して上下を返し、ラップをしてさらに5分加熱する。扉を開けずに3分蒸らしたら、白いりごまをふる。

 バリエーション

鶏手羽元12本（600g）
→ ぶり6切れ（600g）

冷蔵 4日 ／ 冷凍 1か月　**甘辛**

香味野菜の味がしみ出た洋風おかず
手羽元のハーブ煮

変身

材料（4〜5人分）
- 鶏手羽元 …… 12本（600g）
- ズッキーニ ………………1本
- セロリ ……………………1本
- A
  - 塩 ……………………少々
  - おろしにんにく、バジル（乾燥）
    …………………各小さじ1
- B
  - 白ワイン …………100㎖
  - オリーブ油 ………大さじ2
  - コンソメスープの素（顆粒）
    …………………小さじ1
  - 粗びき黒こしょう……少々

作り方 ⏱ 20分
1. 鶏手羽元は、切り込みを入れて数か所穴をあけ、**A**をもみ込む。
2. ズッキーニは1cm幅の輪切り、セロリはすじを除いて粗みじん切りにする。
3. 耐熱容器に**2**、**1**の順に入れ、混ぜ合わせた**B**を加える。ふんわりとラップをして、電子レンジで5分加熱する。
4. 取り出して鶏肉の上下を返し、ラップをしてさらに5分加熱する。扉を開けずに粗熱がとれるまで蒸らす。

冷蔵 3日 ／ 冷凍 1か月　**塩味**

メインおかず

鶏ひき肉

◎ 下味をつけてから加熱すると、かたまりができづらくなる
◎ 耐熱容器に広げて加熱すると、熱が均一に通る

定番

冷蔵 3日 | 冷凍 1か月

甘辛

ふわふわ食感のやさしいおかず
鶏つくね

材料（4〜5人分）

A ┌ 鶏ひき肉 ………… **300g**
　├ 卵 ……………………… 1個
　├ 玉ねぎ（みじん切り）… ½個分
　├ おろししょうが …… 小さじ1
　├ 塩 ………………… 小さじ½
　└ 酒、片栗粉 …… 各大さじ1
B ┌ しょうゆ、みりん … 各大さじ2
　└ 砂糖、片栗粉 …… 各小さじ1

作り方 🕐 20分

1 ボウルに **A** を入れて練り混ぜ、15等分に分けて丸く成形する。
2 耐熱容器に **1** を並べ、ふんわりとラップをして<u>電子レンジで5分加熱</u>する。
3 取り出して上下を返し、混ぜ合わせた **B** を回し入れる。ラップをしてさらに<u>3分加熱</u>したら、扉を開けずに2分ほど蒸らす。

 **調理法チェンジ**

フライパンにサラダ油を熱し、中火で **1** を転がしながら焼く。**B** を加えてからめる。

ヘルシー

冷蔵 3日 | 冷凍 ×

さっぱり

さっぱり薬味が入ったふっくら団子
鶏団子と豆苗の蒸し焼き

材料（4〜5人分）

鶏ひき肉 ………………… **300g**
豆苗 ……………………… 1袋
長ねぎ …………………… 1本
しょうが ………………… 1片
青じそ …………………… 4枚
A ┌ 塩 ……………… 小さじ½
　└ 酒、片栗粉 …… 各大さじ1

作り方 🕐 20分

1 豆苗は根元を落として3cm長さに切る。長ねぎ、しょうが、青じそはみじん切りにする。
2 ボウルに鶏ひき肉、長ねぎ、しょうが、青じそ、**A** を入れて練り混ぜ、15等分に分けて団子状に成形する。
3 耐熱容器に豆苗を入れて、**2** を並べる。ふんわりとラップをして<u>電子レンジで5分加熱</u>する。扉を開けずに粗熱がとれるまで蒸らす。

 レンジのコツ

豆苗を下に敷くことで、加熱ムラを防げる。

レンチンするだけ！ シンプル鶏そぼろ（200g）

冷蔵	冷凍
3日	1か月

ふんわりラップをして
 1分30秒+1分
途中で全体をほぐす

下準備
① 酒小さじ2、塩・こしょう各少々で味つける
② 耐熱皿に入れて平らにならす

ごはんによく合うしっかりみそ味
鶏ひき肉のレンチンみそ煮

材料（4〜5人分）

鶏ひき肉（もも）……… 250g
えのきだけ ……………… 1袋
しいたけ ………………… 5枚
A ┌ しょうが（みじん切り）… 大さじ1
　├ みそ、酒、みりん… 各大さじ2
　└ 片栗粉 …………… 大さじ1

作り方 15分

1. えのきだけは根元を落として2cm長さに切り、しいたけは石づきを落として薄切りにする。
2. 耐熱容器に鶏ひき肉、Aを入れてよく混ぜ、1を加えてさらに混ぜる。
3. ふんわりとラップをして電子レンジで3分加熱する。
4. 取り出して全体をよく混ぜ、ラップをせずにさらに4分加熱する。

 バリエーション

みそ大さじ2
→ トマトケチャップ大さじ4

長持ち

冷蔵	冷凍
4日	1か月

みそ味

うまみがしみたあんかけが美味
鶏肉あんかけ

材料（4〜5人分）

鶏ひき肉 ………………… 200g
長ねぎ …………………… 1本
にんじん ………………… ½本
しいたけ ………………… 6枚
さやいんげん …………… 8本
塩 ………………………… 少々
酒 ………………………… 大さじ2
A ┌ 水 ………………… 100mℓ
　├ 和風だしの素（顆粒）… 小さじ1
　└ しょうゆ、みりん、片栗粉
　　　………………… 各大さじ1

作り方 15分

1. 鶏ひき肉は塩、酒をふる。長ねぎは1cm幅の斜め切り、にんじんは皮をむいて細切り、しいたけは石づきを落として薄切り、さやいんげんは斜め切りにする。
2. 耐熱容器に、野菜、鶏肉の順に入れる。ふんわりとラップをして、電子レンジで4分加熱する。
3. 取り出してひと混ぜし、混ぜ合わせたAを回し入れる。ラップをしてさらに2分加熱する。

変身

冷蔵	冷凍
3日	1か月

しょうゆ味

39

メインおかず

豚こま切れ肉

◎ 大きいサイズのものは切って、加熱ムラがないようにする
◎ 加熱は2回に分け、途中でほぐすと、熱が均一に通り味もなじむ

定番

冷蔵 3日 / 冷凍 1か月　しょうゆ味

具材がほくほく、味もしみしみ
肉じゃが

材料（4～5人分）
- 豚こま切れ肉 …………… **200g**
- じゃがいも ……………… 2個
- にんじん ………………… 1/2本
- 玉ねぎ …………………… 1個
- **A**
  - しょうゆ ……………… 大さじ4
  - みりん ………………… 大さじ3
  - 砂糖、酒 ……………… 各大さじ1
  - 水 ……………………… 50ml

作り方　⏱20分

1. 野菜は皮をむき、じゃがいもはひと口大に、にんじんは乱切り、玉ねぎは2cm幅のくし形切りにする。
2. 耐熱容器に1を入れ、その上に豚こま切れ肉を広げ入れる。混ぜ合わせた**A**を回し入れ、ふんわりとラップをして<u>電子レンジで7分加熱</u>する。
3. 取り出して全体を混ぜたら、ラップをしてさらに<u>5分加熱</u>する。扉を開けずに粗熱がとれるまで蒸らす。

レンジのコツ
どの食材も中まで熱が通りづらいので、2回に分けてじっくり加熱する。最後は余熱で蒸らす。

ヘルシー

冷蔵 3日 / 冷凍 1か月　塩味

シンプルな味つけで素材を引き立てる
豚肉入り野菜炒め

材料（4～5人分）
- 豚こま切れ肉 …………… **300g**
- 玉ねぎ …………………… 1/2個
- にんじん ………………… 1/2本
- ピーマン ………………… 2個
- 塩、こしょう …………… 各少々
- 酒 ………………………… 大さじ1
- サラダ油 ………………… 小さじ1
- 片栗粉 …………………… 適量
- **B**
  - ごま油 ………………… 大さじ1
  - 鶏がらスープの素（顆粒） ………………… 小さじ1/2
  - しょうが（みじん切り）…1片分
- しょうゆ ………………… 小さじ1

作り方　⏱15分（＋漬け時間10分）

1. 豚こま切れ肉は、塩、こしょうをふり、酒をもみ込んで10分おく。玉ねぎは薄切り、にんじんは皮をむいて細切り、ピーマンもヘタと種を除いて細切りにする。
2. 耐熱容器に1の野菜を入れ、サラダ油をまぶす。その上に水けをふいて片栗粉をまぶした豚肉を広げ入れる。混ぜ合わせた**B**を回し入れ、ふんわりとラップをして<u>電子レンジで4分加熱</u>する。
3. 取り出して全体を混ぜ、ラップをしてさらに<u>2分加熱</u>したら、しょうゆを加えて混ぜる。

レンチンするだけ！ 豚こま甘辛煮 （200g）

冷蔵 3日 ｜ 冷凍 1か月

ふんわりラップをして
⏱ 1分30秒＋2分30秒
途中で全体をほぐす

下準備
① 酒・砂糖各小さじ1、しょうゆ・みりん各大さじ1をもみ込む
② 耐熱皿に入れて平らにならす

長持ち

豆板醤としししとうの辛さがしびれる
豚肉の韓国風炒め

材料（4〜5人分）
- 豚こま切れ肉 …… 300g
- 玉ねぎ …… ½個
- ししとう …… 10本
- A
  - しょうゆ、豆板醤 …各大さじ1
  - おろしにんにく、砂糖、ごま油 …… 各小さじ1

作り方 ⏱ 15分（＋漬け時間10分）

1. 豚こま切れ肉は、Aをもみ込み10分おく。玉ねぎは薄切り、ししとうはヘタを除いて、つま楊枝で数か所穴をあける。
2. 耐熱容器に1の野菜を入れ、その上に豚肉をたれごと広げ入れる。ふんわりとラップをして、電子レンジで4分加熱する。
3. 取り出して全体を混ぜ、ラップをしてさらに2〜3分加熱する。

 バリエーション
ししとうがらし10本
→ ピーマン2個

冷蔵 4日 ｜ 冷凍 1か月　**ピリ辛**

変身

チーズでコクとうまみがアップ
豚肉とほうれん草のトマト煮

材料（4〜5人分）
- 豚こま切れ肉 …… 300g
- マッシュルーム …… 4個
- ほうれん草 …… 1束
- A
  - 酒 …… 大さじ1
  - にんにく（みじん切り）…1片分
  - 塩、こしょう …… 各少々
- B
  - カットトマト（缶詰）‥1缶（400g）
  - コンソメスープの素（顆粒） …… 小さじ2
- C
  - オリーブ油、パルメザンチーズ …… 各大さじ1

作り方 ⏱ 15分（＋漬け時間10分）

1. 豚こま切れ肉は、Aをもみ込み10分おく。マッシュルームは石づきを落として薄切りにする。
2. ほうれん草は水で洗う。ぬれたままラップでぴったりと包み、電子レンジで2分加熱する。取り出して水にさらし、根元を落として2cm長さに切る。
3. 耐熱容器に1の豚肉をたれごと、マッシュルーム、Bを重ね入れる。ふんわりとラップをして5分加熱し、よく混ぜる。2を加え、ラップをしてさらに2分加熱したら、Cを加えて混ぜる。

冷蔵 3日 ｜ 冷凍 1か月　**こっくり**

メインおかず（豚こま切れ肉）

定番

冷蔵 3日 ／ 冷凍 1か月　みそ味

みそのコクがしっかりからむ
豚となすのみそ炒め

材料（4〜5人分）
豚こま切れ肉 ………… 300g
なす ………………………… 3本
A ┃ みそ、酒 ………… 各大さじ1
　 ┃ 砂糖、ごま油 …… 各小さじ1
　 ┃ 鶏がらスープの素（顆粒）
　 ┃ ………………………… 小さじ½
　 ┃ にんにく（みじん切り）…1片分
サラダ油 ……………… 大さじ1

作り方　⏱10分（＋漬け時間 10分）
1 豚こま切れ肉はAをもみ込み10分おく。
2 なすは縦6等分に切って、耐熱容器に入れる。サラダ油をまぶし、ふんわりとラップをして電子レンジで4分加熱する。
3 耐熱容器に1を広げ入れ、ふんわりとラップをして4分加熱する。
4 取り出して全体を混ぜる。ラップをしてさらに1分加熱したら、2のなすを加えて混ぜる。

🔲 レンジのコツ
豚肉は加熱を2回に分ける。途中で取り出してほぐすと、味や加熱のムラが防げる。

ヘルシー

冷蔵 3日 ／ 冷凍 ×　さっぱり

梅と青じそでさっぱりいただく
梅ポン豚しゃぶ

材料（4〜5人分）
豚こま切れ肉 ………… 300g
もやし ……………………… 1袋
青じそ …………………… 4〜5枚
A ┃ 塩 …………………………… 少々
　 ┃ 酒 ………………………… 大さじ2
ポン酢しょうゆ ……… 大さじ3
梅干し …………………… 大2個

作り方　⏱10分
1 豚こま切れ肉はAをもみ込む。もやしは洗って水けをきり、青じそはせん切りにする。
2 耐熱容器にもやしを入れて、豚肉を広げ入れ、ふんわりとラップをして電子レンジで5分加熱する。
3 取り出して全体を混ぜ、ラップをしてさらに1分加熱したら、ザルにあげて水けをきる。
4 梅干しは種を除いてたたいてボウルに入れる。ポン酢しょうゆを加えて混ぜ合わせ、3と青じそを加えてあえる。

 バリエーション
もやし1袋
→ 長ねぎ2本

オイスターソースのうまみが具材にしみ込む

豚とピーマンのオイスターソース炒め

材料（4〜5人分）
豚こま切れ肉 …………… **300g**
ピーマン ………………… 6個
長ねぎ …………………… 1本
塩、こしょう …………… 各少々
片栗粉 …………………… 小さじ1
A ┌ しょうゆ、オイスターソース、
　│ サラダ油、酒 …… 各大さじ1
　│ しょうが（みじん切り）
　│ ………………… 小さじ1
　└ 片栗粉 ………… 小さじ½

作り方　⏱15分
1. 豚こま切れ肉は塩、こしょうをふり、片栗粉をまぶす。ピーマンはヘタと種を取り除き、細切りにし、長ねぎは斜め薄切りにする。
2. 耐熱容器にピーマン、長ねぎ、豚肉の順に入れる。ふんわりとラップをして、電子レンジで4分加熱する。
3. 取り出して合わせたAを加えて混ぜ、ラップをしてさらに2分加熱する。

長持ち

冷蔵 4日 ｜ 冷凍 1か月　　こっくり

調理法チェンジ
フライパンにサラダ油を熱し、中火で豚肉を炒める。野菜とAを加えたら強火でさっと炒める。

しょうゆベースのほっこりする味

豚こまと玉ねぎの煮もの

材料（4〜5人分）
豚こま切れ肉 …………… **400g**
玉ねぎ …………………… 1個
みつば …………………… 適量
A ┌ 酒、みりん、しょうゆ…各50㎖
　│ 和風だしの素(顆粒)‥小さじ1
　└ 塩 …………………… 少々

作り方　⏱10分（+漬け時間10分）
1. 豚こま切れ肉は、混ぜ合わせたAをもみ込み、10分おく。玉ねぎはくし形切りに、みつばはざく切りにする。
2. 耐熱容器に1の豚肉をたれごと広げ入れ、玉ねぎを加える。ふんわりとラップをして、電子レンジで5分加熱する。
3. 取り出して全体を混ぜ、ラップをしてさらに2分加熱したら、みつばを散らす。

変身

冷蔵 3日 ｜ 冷凍 ×　　しょうゆ味

リメイク

溶き卵を入れて煮て、ごはんにのせて豚丼風に。

メインおかず

豚薄切り肉

◎ 下味をつけてから加熱すると、かたくならない
◎ 耐熱皿に広げて加熱すると、熱が均一に通る

定番

冷蔵 3日 ｜ 冷凍 1か月　しょうゆ味

しょうがをしっかり効かせた人気おかず

豚のしょうが焼き

材料（4～5人分）

豚ロース薄切り肉 …… **400g**
玉ねぎ …………………… 1個
A ┌ しょうゆ、酒、みりん
　│ ……………… 各大さじ2
　│ 砂糖 ……………… 小さじ1
　└ おろししょうが …… 大さじ1
サラダ油 ……………… 大さじ1

作り方 ⏱15分（＋漬け時間10分）

1 耐熱容器にAを混ぜ合わせる。豚ロース薄切り肉を入れ、よくからめて10分おく。玉ねぎはくし形切りにする。
2 1の耐熱容器に玉ねぎを加えてサラダ油を回し入れ、ふんわりとラップをして<u>電子レンジで5分加熱する</u>。
3 取り出して豚肉の上下を返すように混ぜ、ラップをしてさらに<u>2～3分加熱する</u>。

 調理法チェンジ

フライパンにサラダ油を熱し、中火で1を炒める。

ヘルシー

冷蔵 4日 ｜ 冷凍 1か月　甘辛

ごろごろ野菜がコク深い味わい

豚肉と根菜の煮もの

材料（4～5人分）

豚バラ薄切り肉 ………… **200g**
れんこん ………………… 150g
にんじん ………………… ½本
ごぼう …………………… ½本
A ┌ 酒、みりん …… 各大さじ3
　│ 砂糖 ……………… 小さじ1
　│ しょうゆ ………… 大さじ2
　└ だし汁 …………… 100mℓ

作り方 ⏱15分

1 豚バラ薄切り肉は食べやすく切る。れんこん、にんじん、ごぼうは皮をむき、小さめの乱切りにする。
2 耐熱容器に1、Aを入れて混ぜ合わせ、ふんわりとラップをして<u>電子レンジで10分加熱する</u>。
3 取り出して全体をよく混ぜ、ラップをかけなおしたら、粗熱がとれるまで蒸らす。

調理法チェンジ

鍋にサラダ油を熱して強火で1を炒める。2、Aを加えて、中火にして汁けがなくなるまで煮る。

レンチンするだけ！ ゆで豚（200g）

冷蔵 3日 ／ 冷凍 1か月

ふんわりラップをして
⏱ **3分30秒**
氷水に入れて粗熱をとる

下準備
① 耐熱皿に重ならないように並べる
② 酒大さじ2をふりかける

長持ち

根菜のシャキッとした食感がおいしい
豚と野菜のみそ煮込み

材料（4〜5人分）
- 豚バラ薄切り肉 ……… 300g
- にんじん ……………… ½本
- ごぼう ………………… ¼本
- しいたけ ……………… 2枚
- A┌ しょうゆ、みそ … 各大さじ2
　 │ 酒 …………………… 大さじ1
　 │ 砂糖 ………………… 小さじ1
　 └ しょうが（みじん切り）…1片分

作り方 ⏱ 10分（＋漬け時間10分）

1. 豚バラ薄切り肉はひと口大に切り、混ぜ合わせた**A**をもみ込んで10分おく。にんじんは皮をむいて半月切り、ごぼうは皮をこそげて斜め薄切り、しいたけは石づきを落として薄切りにする。
2. 耐熱容器に野菜、豚肉の順に入れる。ふんわりとラップをして、電子レンジで5分加熱する。
3. 取り出して、豚肉をほぐすように混ぜる。ラップをしてさらに2〜3分加熱したら、扉を開けずに2分蒸らす。

 バリエーション
ごぼう ¼本 → れんこん ⅛節

冷蔵 4日 ／ 冷凍 1か月　**みそ味**

変身

にんにくたっぷりでスタミナアップ
豚肉のにんにく塩煮

材料（4〜5人分）
- 豚バラ薄切り肉 ……… 300g
- にんにく ……………… 2片
- ししとう ……………… 5本
- A┌ 水 ………………… 150ml
　 │ 酒 ………………… 50ml
　 │ 鶏がらスープの素（顆粒）
　 │ ………………… 小さじ1
　 └ 塩 ………………… 小さじ⅔
- 粗びき黒こしょう ……… 少々

作り方 ⏱ 15分

1. 豚バラ薄切り肉は食べやすく切り、にんにくは薄切りにする。ししとうはつま楊枝で数か所穴をあける。
2. 耐熱容器に豚肉を広げ入れ、にんにく、**A**を加える。ふんわりラップをして、電子レンジで5分加熱する。
3. 取り出して全体を混ぜ、ししとうを加える。ラップをせずにさらに5分加熱したら、粗びき黒こしょうをふる。

 リメイク
にんじん、玉ねぎ、中華麺と炒めて、塩焼きそばに。

冷蔵 4日 ／ 冷凍 1か月　**塩味**

メインおかず（豚薄切り肉）

定番

冷蔵 3日 ｜ 冷凍 1か月　みそ味

ちょっぴり和風味のお手軽中華料理

回鍋肉

材料（4〜5人分）

豚バラ薄切り肉……… 300g
キャベツ …………… 1/4個
サラダ油 …………… 大さじ1
A｜しょうゆ、みそ… 各大さじ2
　｜酒 …………… 大さじ1
　｜砂糖、豆板醤、オイスターソース
　｜　　　　…… 各小さじ1
　｜しょうが、にんにく（みじん切り）
　｜　　　　…… 各1片分
　｜塩、こしょう ……… 各少々

作り方 🕒 15分

1 豚バラ薄切り肉はひと口大に切り、混ぜ合わせたAをもみ込む。キャベツはひと口大のざく切りにする。

2 耐熱容器に1のキャベツを入れ、その上に豚肉を広げ入れる。サラダ油を回し入れ、ふんわりとラップをして<u>電子レンジで5分加熱</u>する。

3 取り出して全体を混ぜ、ラップをしてさらに<u>1分加熱</u>したら、扉を開けずに2分蒸らす。

 バリエーション

キャベツ1/4個
→ ピーマン5個

ヘルシー

冷蔵 3日 ｜ 冷凍 ×　塩味

粗びきこしょうが味のアクセント

豆苗の豚肉巻き

材料（4〜5人分）

豚ロース薄切り肉……… 10枚
豆苗 ………………… 2袋
塩、こしょう ……… 各少々
酒 ………………… 大さじ2
粗びき黒こしょう ……… 少々

作り方 🕒 15分

1 豚ロース薄切り肉は、塩、こしょうをふる。豆苗は5等分にして、豚肉2枚で巻く。

2 耐熱容器に1を並べ入れ、酒をまんべんなくふりかける。ふんわりとラップをして、<u>電子レンジで4分加熱</u>する。

3 取り出して上下を返し、ラップをしてさらに<u>2〜3分加熱</u>したら、粗びき黒こしょうをふる。

 レンジのコツ

酒をふりかけてから加熱すると、肉がかたくなるのが防げる。

濃厚な味わいに青じそのさわやかさがプラス

豚のミルフィーユ焼き

材料（4〜5人分）

豚ロース薄切り肉 ……… **16枚**
スライスチーズ …………… 6枚
青じそ ……………………… 6枚
粗びき黒こしょう ………… 少々
A ┌ マヨネーズ ……… 大さじ1
　└ 粒マスタード …… 小さじ1

作り方 🕐 10分

1. 豚ロース薄切り肉は粗びきこしょうをふる。
2. 耐熱容器にオーブンシートを敷き、豚肉4枚を広げ入れる。その上にスライスチーズ2枚と青じそ2枚を重ならないように並べ、さらに豚肉4枚をのせてはさむ。
3. チーズと青じそが互い違いになるよう、2と同様に2、3段目も重ねる。
4. 合わせた**A**を**3**の表面に薄く塗り、ふんわりとラップをして<u>電子レンジで5〜6分加熱</u>する。扉を開けずに粗熱がとれるまで蒸らし、食べやすく切り分ける。

長持ち

冷蔵 4日 ｜ 冷凍 ×　こっくり

 バリエーション

粒マスタード小さじ1
➡ 練り辛子小さじ1

キムチでしっかり味つけしたボリュームおかず

豚キムチ

材料（4〜5人分）

豚バラ薄切り肉 ………… **300g**
キムチ …………………… 200g
にら ……………………… 1束
A ┌ 酒、ごま油 …… 各大さじ1
　├ おろしにんにく … 小さじ1
　└ 塩、こしょう …… 各少々

作り方 🕐 15分

1. 豚バラ薄切り肉はひと口大に切り、**A**をもみ込む。にらは3㎝長さに切る。
2. 耐熱容器に半量のキムチと豚肉を広げ入れる。ふんわりとラップをして、<u>電子レンジで5分加熱</u>する。
3. 取り出して混ぜ、残りのキムチとにらをのせる。ラップをしてさらに<u>2〜3分加熱</u>し、さっと混ぜ合わせる。

変身

冷蔵 3日 ｜ 冷凍 ×　ピリ辛

 リメイク

ごはんと炒めてキムチチャーハンに。
中華麺と炒めて焼きそばに。

メインおかず

豚ロース厚切り肉

◎ すじ切りをすると縮まず、味がしみ込みやすい
◎ 余熱で蒸らすと、しっとりやわらかい食感に

定番

冷蔵 3日 / 冷凍 1か月　甘辛

はちみつでコクのある甘みをプラス

ポークソテー

材料（4〜5人分）

豚ロース厚切り肉 ……… **400g**
塩、こしょう ………… 各少々
A ┌ しょうゆ ………… 大さじ2
　└ 酒、はちみつ … 各大さじ1
オリーブ油 ………… 大さじ½
バター ……………………… 10g

作り方 ⏱ **10分**（＋漬け時間10分）

1 豚ロース厚切り肉は、両面に格子状に浅く切り込みを入れて、ひと口大に切る。塩、こしょうをふり、混ぜ合わせた**A**をもみ込んで10分おく。

2 耐熱容器に**1**を入れ、オリーブ油を回し入れる。ふんわりとラップをして、<u>電子レンジで5分加熱</u>する。

3 取り出して上下を返してバターをのせる。ラップをしてさらに<u>2分加熱</u>したら、扉を開けずに2分蒸らす。

レンジのコツ

格子状に浅く切り込みを入れると、中まで熱が通り、味もしみ込みやすくなる。

ヘルシー

冷蔵 4日 / 冷凍 1か月　塩味

ハーブを使った上品な味

豚肉の香草焼き

材料（4〜5人分）

豚ロース厚切り肉 ……… **300g**
玉ねぎ ……………………… ½個
にんじん …………………… ½本
スナップえんどう ………… 8本
マッシュルーム …………… 4個
A ┌ 塩 ……………… 小さじ½
　│ 粗びき黒こしょう …… 少々
　│ 酒 ……………… 大さじ2
　│ おろしにんにく … 小さじ1
　│ オレガノ、タイム（粉末）
　└ ……………… 各小さじ⅓
オリーブ油 ………… 大さじ2

作り方 ⏱ **20分**

1 豚ロース厚切り肉は、フォークで数か所穴をあけてひと口大に切り、**A**をもみ込む。

2 玉ねぎは薄切り、にんじんは細切りにする。スナップえんどうは斜め半分に、マッシュルームは石づきを落として半分に切る。

3 耐熱容器に**2**、**1**の順に入れ、オリーブ油を回し入れる。ふんわりとラップをして、<u>電子レンジで6分加熱</u>する。取り出して混ぜ、ラップをしてさらに<u>2分30秒加熱</u>したら、扉を開けずに3分蒸らす。

レンチンするだけ！ 豚テキ （1枚150g）

冷蔵 3日 ｜ 冷凍 1か月

ふんわりラップをして
⏱ 2分

下準備
① すじ切りをする
② 塩・こしょう各少々で味つける
③ 耐熱皿に入れてサラダ油適量を塗る

長持ち

マスタードのつぶつぶ感がクセになる
豚のハニーマスタード

材料（4～5人分）

豚ロース厚切り肉	400g
塩、こしょう	各少々
A　粒マスタード、しょうゆ	各大さじ2
酒、はちみつ	各大さじ1
オリーブ油	大さじ½

作り方 ⏱ 15分（＋漬け時間10分）

1. 豚ロース厚切り肉は、両面に格子状に浅く切り込みを入れて、ひと口大に切る。塩、こしょうをふり、混ぜ合わせたAをもみ込んで10分おく。
2. 耐熱容器に1を入れてオリーブ油を回し入れる。ふんわりとラップをして、電子レンジで5分加熱する。
3. 取り出して上下を返し、ラップをしてさらに2分加熱したら、扉を開けずに3分蒸らす。

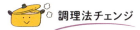 調理法チェンジ
フライパンにオリーブ油を熱して、中火で1をじっくり焼く。

冷蔵 4日 ｜ 冷凍 1か月　**こっくり**

変身

みそで漬け込んでジューシーに
豚のみそ漬け

材料（4～5人分）

豚ロース厚切り肉	300g
長ねぎ	1本
A　しょうが（みじん切り）	1片分
みそ、酒、ごま油	各大さじ1
しょうゆ	小さじ1

作り方 ⏱ 15分（＋漬け時間10分）

1. 豚ロース薄切り肉は、両面に格子状に浅く切り込みを入れて、ひと口大に切る。混ぜ合わせたAをもみ込み10分おく。長ねぎは斜め薄切りにする。
2. 耐熱容器に長ねぎ、豚肉の順に入れる。ふんわりとラップをして、電子レンジで5分加熱する。
3. 取り出して上下を返し、ラップをしてさらに1分加熱したら、扉を開けずに2分蒸らす。

 リメイク
ごはんにのせて丼ぶりに、キャベツやにんじんと合わせて炒めものに。

冷蔵 3日 ｜ 冷凍 1か月　**みそ味**

メインおかず

豚バラかたまり肉

◎ フォークなどで数か所穴をあけて調味料をもみ込むと、早く味がなじむ
◎ 加熱は2回に分け、途中で上下をひっくり返すと中まで熱が通る

定番

冷蔵 3日 ｜ 冷凍 1か月　　甘辛

甘辛なたれにしっかりと漬け込んで
豚の角煮

材料（4〜5人分）

豚バラかたまり肉 …… 400g
長ねぎ …………………… ½本
しょうが ………………… 1片
A ┌ しょうゆ、みりん … 各大さじ3
　└ 砂糖、酒 ………… 各大さじ2

作り方 ⏱ 15分（＋漬け時間 5分）

1 豚バラかたまり肉は2〜3cm角に切り、長ねぎは2cm長さに切る。しょうがは薄切りにする。
2 耐熱容器にAを混ぜ合わせ、1を加えてよくもみ込み5分おく。ふんわりとラップをして、電子レンジで4分加熱する。
3 取り出して上下を返したら、ラップをしてさらに3分加熱する。扉を開けずに粗熱がとれるまで蒸らす。

レンジのコツ
かたまり肉は、小さいとかたくなりやすく、大きいと熱が通らないので、ひと口大ほどの大きさに切り揃える。

ヘルシー

冷蔵 4日 ｜ 冷凍 1か月　　さっぱり

パクチーの風味でしまるオリエンタルな味
エスニックローストポーク

材料（4〜5人分）

豚バラかたまり肉 …… 300g
グリーンアスパラガス …… 4本
玉ねぎ …………………… 1個
パプリカ（赤） ………… ½個
A ┌ 酒 …………………… 大さじ2
　│ おろしにんにく …… 小さじ1
　└ 塩、こしょう ……… 各少々
B ┌ 玉ねぎ（みじん切り）‥ ⅛個分
　│ レモン汁 …………… 大さじ2
　│ ナンプラー、オリーブ油
　│ ………………… 各大さじ1
　│ こしょう …………… 少々
　└ パクチー（みじん切り）
　　　…………………… 2〜3本分

作り方 ⏱ 20分（＋漬け時間 1時間）

1 豚バラかたまり肉はフォークで数か所穴をあけて、Aをもみ込み1時間おく。グリーンアスパラガスは根元とはかまを除いて3cm長さに、玉ねぎはくし形切り、パプリカは食べやすく切る。
2 耐熱容器に野菜、豚肉の順に入れ、ふんわりとラップをして電子レンジで6分加熱する。上下を返し、ラップをしてさらに5分加熱をしたら、豚肉だけ取り出してアルミホイルで包む。
3 粗熱がとれたら、食べやすく切って野菜と合わせ、Bをかける。

レンチンするだけ！ 豚バラの酒蒸し（200g）

冷蔵 3日 ／ 冷凍 1か月

ふんわりラップをして
 2分＋2分
途中で上下を返す

下準備
① 2〜3cm大に切る
② 酒大さじ1、塩少々をまぶす

長持ち

トマトの酸味と豚肉のコクが合う
豚肉と豆のトマト煮

材料（4〜5人分）
- 豚バラかたまり肉 …… **300g**
- 玉ねぎ …………………… ½個
- ミックスビーンズ（水煮）…200g
- オリーブ油 ………… 大さじ½
- カットトマト（缶詰）…1缶（400g）
- 水 ……………………… 200ml
- コンソメスープの素（顆粒）
   ………………………… 大さじ1
- 塩 ………………………… 小さじ⅔
- 砂糖 ……………………… 小さじ½
- パセリ（みじん切り）………… 少々

作り方 ⏱ 20分

1. 豚バラかたまり肉は2cm角、玉ねぎは1cm角に切る。
2. 耐熱容器にパセリ以外のすべての材料を入れて混ぜ合わせる。ふんわりとラップをして、電子レンジで5分加熱する。
3. 取り出して全体を混ぜ、ラップをせずにさらに7分加熱する。最後にパセリをふる。

冷蔵 4日 ／ 冷凍 1か月　**こっくり**

変身

じっくり漬けてやわらかい食感に仕上げる
しっとり塩豚

材料（4〜5人分）
- 豚バラかたまり肉 ………… **400g**
- **A** ┌ 塩こうじ（濃縮タイプ）
      │ ……………………… 大さじ4
      └ 砂糖 ……………… 小さじ1
- **B** ┌ 酒 ………………… 大さじ3
      │ にんにく、しょうが（薄切り）
      │ ……………………… 各1片分
      └ 長ねぎ（青い部分）…… 1本分

作り方 ⏱ 10分（＋漬け時間ひと晩）

1. 豚バラかたまり肉は、1cmの厚さに切ってフォークで数か所穴をあけ、Aをもみ込んでひと晩漬ける。
2. 耐熱容器に1、Bを入れ、ふんわりとラップをして電子レンジで4分加熱する。
3. 取り出して上下を返し、ラップをしてさらに4分加熱する。扉を開けずに粗熱がとれるまで蒸らし、食べやすく切る。

リメイク
野菜と合わせて炒めものに。ラーメンの具材に。

冷蔵 4日 ／ 冷凍 1か月　**塩味**

51

メインおかず

豚ひき肉

◎ 下味をつけてから加熱すると、ほぐれやすくなる
◎ 耐熱容器に広げて加熱すると、熱が均一に通る

定番

冷蔵 3日 / 冷凍 1か月　ピリ辛

豆板醤で辛さとコクをプラス
麻婆なす

材料（4〜5人分）

豚ひき肉 …………… **200g**
なす ………………… 3本
長ねぎ ……………… 10cm
塩、こしょう ……… 各少々
A ┌ 塩 ……………… 少々
　└ サラダ油 ……… 大さじ1
B ┌ 酒 ……………… 大さじ2
　│ しょうゆ、豆板醤、みそ、
　│ ごま油 ………… 各大さじ1
　│ 砂糖、にんにく、しょうが（みじん切り）
　└ ………………… 各小さじ1

作り方　⏱15分

1 なすは縦半分に切り、格子状の切り込みを入れてひと口大に切る。長ねぎはみじん切りにする。
2 耐熱容器になすと**A**を入れ、ふんわりとラップをして電子レンジで3分加熱する。
3 別の耐熱容器に豚ひき肉を入れて**B**を加えて混ぜる。ラップをして、4分加熱する。
4 2を加えて混ぜ合わせ、ラップをしてさらに2分加熱したら、1の長ねぎを加えて混ぜ、塩、こしょうで味を調える。

ヘルシー

冷蔵 3日 / 冷凍 ×　さっぱり

春雨とひき肉のからみが絶妙
エスニック春雨サラダ

材料（4〜5人分）

豚ひき肉 …………… **200g**
緑豆春雨（乾燥）…… 40g
にんじん …………… 1/2本
きゅうり …………… 1本
パクチー …………… 1株
A ┌ 塩、こしょう …… 各少々
　│ 酒 ……………… 大さじ1
　└ ごま油 ………… 小さじ1
B ┌ ナンプラー …… 大さじ2
　│ レモン汁、酢、しょうゆ
　│ …………………… 各大さじ1
　│ しょうが（みじん切り）… 小さじ1
　└ 砂糖 …………… 小さじ1/2

作り方　⏱15分

1 ボウルに豚ひき肉と**A**を入れて混ぜる。水に通した緑豆春雨は半分の長さに、にんじん、きゅうりはせん切り、パクチーはざく切りにする。
2 耐熱容器に春雨、にんじん、豚肉の順に入れ、ふんわりとラップをして電子レンジで6分加熱する。取り出して全体を混ぜ、ラップをしてさらに1分30秒加熱する。
3 扉を開けずに粗熱がとれるまで蒸らし、**B**ときゅうり、パクチーを加えてあえる。

レンチンするだけ！ 塩そぼろ（200g）

冷蔵 3日 ｜ 冷凍 1か月

ふんわりラップをして
 1分30秒＋1分30秒
途中で全体をほぐす

下準備
① 酒大さじ½、塩・こしょう各少々で味つける
② 耐熱皿に入れて平らにならす

丼にも◎のしっかり味
ひき肉とピーマンのカレー炒め

材料（4〜5人分）

- 豚ひき肉 …… **300g**
- 玉ねぎ …… ½個
- ピーマン …… 4個
- A
  - 塩、こしょう …… 各少々
  - カレー粉 …… 大さじ1½
- B
  - 酒、しょうゆ、オリーブ油 …… 各大さじ1½
  - にんにく、しょうが（みじん切り） …… 各小さじ1
- マヨネーズ …… 大さじ1

作り方 15分

1. ボウルに豚ひき肉、Aを入れて混ぜる。玉ねぎは1cm角、ピーマンはヘタと種を除いて1.5cm角に切る。
2. 耐熱容器に野菜、豚肉の順に入れて、混ぜ合わせたBを回し入れる。ふんわりとラップをして、電子レンジで4分加熱する。
3. 取り出して、マヨネーズを加えてひと混ぜし、ラップをしてさらに2分加熱する。

リメイク
オムレツの具材に。ごはんと炒めてカレーピラフに。

長持ち

冷蔵 4日 ｜ 冷凍 1か月　ピリ辛

枝豆とコーンの食感がたのしい
レンジポークボール

材料（4〜5人分）

- 豚ひき肉 …… **300g**
- 鶏がらスープの素（顆粒） …… 大さじ1½
- お湯 …… 大さじ3
- 酒 …… 大さじ1½
- こしょう …… 少々
- 枝豆（冷凍／むき） …… 100g
- ホールコーン（缶詰） …… 100g

作り方 15分

1. ボウルに豚ひき肉、お湯で溶いた鶏がらスープの素、酒、こしょうを入れて混ぜ合わせ、よく練り混ぜる。
2. 1に枝豆、ホールコーンを加えて混ぜ、ひと口大に丸めてオーブンシートを敷いた耐熱容器に並べる。
3. ふんわりとラップをして、電子レンジで6分加熱する。扉を開けずに粗熱がとれるまで蒸らす。

 **リメイク**
ホワイトシチューの具材に。衣をつけて揚げて、ひと口メンチカツ風に。

変身

冷蔵 3日 ｜ 冷凍 1か月　塩味

53

メインおかず

牛こま切れ肉

◎ 大きいサイズのものは切り、耐熱容器に広げてのせ、加熱ムラを防ぐ
◎ 加熱は2回に分け、途中でほぐすと、熱が均一に通り味もなじむ

定番 — しょうゆ味

冷蔵 4日 ／ 冷凍 1か月

細切りした野菜のシャキシャキ感がいい

チンジャオロース

材料（4〜5人分）

- 牛こま切れ肉 …………… 300g
- ピーマン …………………… 4個
- たけのこ（水煮／細切り）… 150g
- 塩、こしょう ………… 各少々
- 片栗粉 ………………… 適量
- A ┌ しょうゆ、オイスターソース、
  │ ごま油、酒 …… 各大さじ1
  │ しょうが、にんにく（みじん切り）
  │ ………………… 各1片分
  └ 片栗粉 ………… 小さじ½

作り方 ⏱15分

1. 牛こま切れ肉は塩、こしょうをふり、片栗粉をまぶす。ピーマンはヘタと種を取り除いて、細切りにする。
2. 耐熱容器にたけのこ、ピーマン、牛肉の順に入れる。ふんわりとラップをして、電子レンジで4分加熱する。
3. 取り出して合わせたAを加えて混ぜ、ラップをしてさらに2分加熱する。

 **バリエーション**

牛こま切れ肉300g
→ 豚薄切り肉300g

ヘルシー — みそ味

冷蔵 3日 ／ 冷凍 1か月

牛肉と根菜にみその味わいがじんわり

牛肉と根菜のみそ煮

材料（4〜5人分）

- 牛こま切れ肉 …………… 200g
- れんこん ………………… 150g
- にんじん ………………… ½本
- ごぼう …………………… ½本
- A ┌ みりん ………… 大さじ3
  │ みそ、酒 ……… 各大さじ2
  │ 砂糖 …………… 小さじ1
  │ だし汁 ………… 150mℓ
  │ 白すりごま …… 大さじ1
  └ サラダ油 ……… 小さじ2

作り方 ⏱15分

1. 牛こま切れ肉は食べやすく切る。れんこん、にんじん、ごぼうは皮をむいて乱切りにする。
2. 耐熱容器に1の野菜を入れて、その上に牛肉を広げ入れ、混ぜ合わせたAを回し入れる。ふんわりとラップをして、電子レンジで5分加熱する。
3. 取り出して全体を混ぜ、ラップをせずにさらに5分加熱する。扉を開けずに粗熱がとれるまで蒸らす。

バリエーション

れんこん150g
→ 大根100g

レンチンするだけ！ 牛しぐれ（200g）

冷蔵 4日 ／ 冷凍 1か月

ふんわりラップをして
⏱ **1分30秒＋2分**
途中で全体をほぐす

下準備
① 酒・しょうゆ各大さじ1、砂糖少々をもみ込む
② 耐熱皿に重ならないように並べる

長持ち

ケチャップのうまみでまろやかに仕上がる
牛肉のケチャップ炒め

材料（4〜5人分）
牛こま切れ肉 …………… **300g**
玉ねぎ …………………… 1/2個
しめじ …………………… 1/2パック
A ┌ 塩、こしょう ……… 各少々
　├ トマトケチャップ、ウスターソース
　└ ………………… 各大さじ2

作り方 ⏱ 15分
1 牛こま切れ肉はAをもみ込む。玉ねぎは薄切り、しめじは石づきを落としてほぐす。
2 耐熱容器に玉ねぎ、しめじ、牛肉の順に入れる。ふんわりとラップをして、電子レンジで4分加熱する。
3 取り出して全体を混ぜ、ラップをしてさらに2分加熱する。

 **レンジのコツ**
牛肉は野菜を敷いた上にのせて加熱するとほぐれやすくなる。また野菜にも味がしみ込む。

冷蔵 4日 ／ 冷凍 1か月　**こっくり**

変身

しょうがが効いたごはんに合う一品
牛肉のしょうが煮

材料（4〜5人分）
牛こま切れ肉 …………… **300g**
しょうが ………………… 2片
A ┌ みりん、しょうゆ … 各大さじ2
　├ はちみつ ………… 大さじ1
　├ 酒 ………………… 100mℓ
　└ サラダ油 ………… 少々

作り方 ⏱ 15分
1 牛こま切れ肉は食べやすく切り、しょうがは細切りにする。
2 耐熱容器に1、Aを入れてよく混ぜ合わせる。ふんわりとラップをして、電子レンジで3分加熱する。
3 取り出してほぐし、ラップをせずにさらに5分加熱する。

 **リメイク**
じゃがいもやにんじんと合わせて肉じゃがに。溶き卵と混ぜ合わせて卵焼きに。

冷蔵 3日 ／ 冷凍 1か月　**甘辛**

メインおかず

牛薄切り肉

◎ 熱の回りが早いので、加熱時間を短めにし、余熱で蒸らす
◎ 下味をつけて加熱すると、かたくならない

定番 / しょうゆ味 / 冷蔵3日 冷凍1か月

しょうがが多めでピリッと効いてる
牛すき煮

材料（4〜5人分）

牛薄切り肉 …………… **300g**
A ┌ おろししょうが ……2片分
　└ 酒 ……………………大さじ3
玉ねぎ ……………………1個
B ┌ 酒 ……………………100mℓ
　└ めんつゆ（3倍濃縮）…50mℓ

作り方 ⏱ 15分

1. 牛薄切り肉は食べやすく切り、**A**をもみ込む。玉ねぎは1cm幅のくし切りにする。
2. 耐熱容器に牛肉と**B**を入れてよく混ぜ合わせ、玉ねぎをのせる。ふんわりとラップをして、電子レンジで5分加熱する。
3. 取り出して全体を混ぜ、ラップをしてさらに5分加熱する。

 **調理法チェンジ**

鍋にサラダ油を熱して玉ねぎを炒めて、1の牛肉を加えてさらに炒める。**B**を加えて10分ほど煮立たせる。

ヘルシー / スパイシー / 冷蔵3日 冷凍1か月

ココナッツミルクで仕上げてクリーミーに
牛肉のココナッツカレー

材料（4〜5人分）

牛薄切り肉 …………… **300g**
にんにく、しょうが ……各1片
たけのこ（水煮）…………80g
パプリカ（赤）……………½個
ココナッツミルク（缶詰）
　………………………1缶（400g）
A ┌ カレー粉、ナンプラー
　│　………………各大さじ1½
　│ 砂糖 …………………大さじ½
　└ こしょう ………………少々

作り方 ⏱ 20分

1. 牛薄切り肉はひと口大に切り、**A**をもみ込む。にんにく、しょうがはみじん切り、たけのこは細切り、パプリカはヘタと種を除いて細切りにする。
2. 耐熱容器に1とココナッツミルクを入れてよく混ぜ合わせる。ふんわりとラップをして、電子レンジで5分加熱する。
3. 取り出してよく混ぜたら、ラップをせずにさらに5分加熱する。扉を開けずに粗熱がとれるまで蒸らす。

 バリエーション

牛薄切り肉10枚
→ 鶏もも肉大1枚

レンチンするだけ！ 牛しゃぶ（100g）

冷蔵	冷凍
3日	1か月

ふんわりラップをして
 4分
氷水に入れて粗熱をとる

下準備
① 耐熱皿に重ならないように並べる
② 酒大さじ1をふりかける

トマトの酸味とタバスコの風味でさわやか
牛しゃぶのサルサ

材料（4〜5人分）

牛薄切り肉（しゃぶしゃぶ肉）
　　　　　　　　　400g
プチトマト ……………… 10個
玉ねぎ …………………… ¼個
ピーマン ………………… 1個
塩 ………………………… 少々
酒 ……………………… 大さじ1
A ┌ 酢 ………………… 大さじ2
　├ 砂糖、塩 ……… 各小さじ1
　└ タバスコ ……… 小さじ½
オリーブ油 …………… 大さじ½

作り方 15分

1. 牛薄切り肉に塩、酒をふる。プチトマトは4つ割り、玉ねぎ、ピーマンは粗みじん切りにする。
2. 耐熱容器に牛肉を広げ入れ、ふんわりとラップをして電子レンジで2分加熱する。取り出して混ぜ、ラップをしてさらに2分加熱する。扉を開けずに粗熱がとれるまで蒸らす。
3. ボウルに1の野菜と混ぜ合わせたAを入れ、からめる。2の汁けをきって、オリーブ油を入れてあえ、3をかける。

長持ち

冷蔵	冷凍
4日	×

さっぱり

やわらかくて食べやすいジューシーステーキ
牛ステーキ風

材料（4〜5人分）

牛薄切り肉 …………… **500g**
にんにく（薄切り） …… 1片分
A ┌ 小麦粉、酒 …… 各大さじ½
　├ オリーブ油 ……… 大さじ1
　├ 塩、おろしにんにく
　│　　　　　……… 各小さじ⅔
　└ こしょう …………… 少々

作り方 15分

1. 牛薄切り肉にAをもみ込み、5等分のナマコ形にしてから平たくし、ステーキ状にする。
2. 耐熱容器に1を並べて、にんにくをのせる。ふんわりとラップをして、電子レンジで3〜4分加熱する。

リメイク
ひとロ大に切ってカレーに加える。ごはんにのせて丼ぶりにする。

変身

冷蔵	冷凍
3日	2週間

塩味

メインおかず

牛かたまり肉

◎ フォークなどで数か所穴をあけて調味料をもみ込むと、早く味がなじむ
◎ 加熱は2回に分け、途中で上下を返すと、中まで熱が通る

定番

冷蔵 3日 ／ 冷凍 1か月　こっくり

赤ワインを入れて本格レストランの味わいに

牛肉のデミグラスソース

材料（4～5人分）

牛ももかたまり肉	300g
玉ねぎ	1個
にんじん	1本
ブロッコリー	1/3株
塩、こしょう	各少々
バター	20g
A　赤ワイン	100mℓ
デミグラスソース（市販）	1缶（290g）
トマトケチャップ	大さじ2
塩	小さじ1/4

作り方　⏱20分

1. 牛かたまり肉はひと口大に切り、塩、こしょうをふる。玉ねぎはくし形切り、にんじんは皮をむいて乱切りにする。
2. ブロッコリーは小房に分けて水を通す。耐熱容器に入れ、ふんわりとラップをして<u>電子レンジで2分加熱する</u>。
3. 別の耐熱容器に**1**と**A**を入れ、バターをのせる。ふんわりとラップをして、<u>8分加熱する</u>。よく混ぜて、ラップをせずにさらに<u>5分加熱</u>したら、**2**を加える。

ヘルシー

冷蔵 3日 ／ 冷凍 1か月　塩味

具材のうまみがスープにしみわたる

ポトフ

材料（4～5人分）

牛ももかたまり肉	300g
玉ねぎ	1/2個
キャベツ	1/4個
にんじん	1本
塩	小さじ1/3
粗びき黒こしょう	少々
A　水	200mℓ
白ワイン	100mℓ
コンソメスープの素（顆粒）	大さじ1 1/2
ローリエ	1枚

作り方　⏱20分

1. 牛ももかたまり肉はひと口大に切り、塩、粗びき黒こしょうをふる。玉ねぎはくし形切り、キャベツは4等分のざく切り、にんじんは皮をむいて乱切りにする。
2. 耐熱容器にキャベツ、牛肉、玉ねぎ、にんじんの順に入れて**A**を加える。ふんわりとラップをして、<u>電子レンジで8分加熱する</u>。
3. 取り出してよく混ぜ、ラップをしてさらに<u>5分加熱する</u>。取り出して混ぜ、ラップをかけなおしたら、粗熱がとれるまで蒸らす。

レンチンするだけ！ 牛たたき風（200g）

冷蔵 3日 ｜ 冷凍 1か月

ラップなしで

 3分＋4分

途中で上下を返し、加熱後はアルミホイルで包んで余熱で蒸らす

下準備
① フォークで数か所穴をあける
② 塩少々をもみ込む

香ばしいカリカリ食感
マスタードパン粉焼き

材料（4〜5人分）
牛肩ロースかたまり肉 … **400g**
塩、こしょう … 各少々
マスタード … 大さじ2
A ┌ パン粉 … 大さじ6
　└ オリーブ油 … 大さじ1½
B ┌ 粉チーズ … 大さじ2
　│ パセリ（みじん切り）… 大さじ1
　└ にんにく（みじん切り）… 1片分

作り方 20分

1 牛肩ロースかたまり肉は1.5cm厚さに切る。めん棒でたたいて薄く伸ばし、塩、こしょうをふってからマスタードを塗る。
2 混ぜ合わせたAを耐熱容器に入れ、ラップをせずに電子レンジで1分加熱する。粗熱がとれたら、Bを混ぜる。
3 別の耐熱容器に1を入れて、上から2を全体にかける。ラップをせずに9〜10分加熱する。

長持ち

冷蔵 4日 ｜ 冷凍 2週間　スパイシー

特製ソースからも肉のうまみが味わえる
ローストビーフ

材料（4〜5人分）
牛ももかたまり肉 … **400g**
はちみつ … 小さじ1
A ┌ 塩 … 小さじ1
　│ にんにく（すりおろし）… 1片分
　└ こしょう … 少々
B ┌ しょうゆ、玉ねぎ（すりおろし）
　└ … 各大さじ1

リメイク
バゲットに貝割れ大根、チーズと一緒にのせてオープンサンドに。温泉卵と丼にしても。

作り方 10分（+漬け時間30分、冷まし時間10分）

1 牛ももかたまり肉は、はちみつをまぶして室温に30分おく。Aをもみ込んでラップに包み、フォークで10か所ほど穴をあける。
2 耐熱容器に1をのせて、電子レンジで3分加熱する。一度取り出して上下を返し、さらに1分30秒加熱したら、牛肉をアルミホイルに包む。冷凍庫で10分冷ましたら、薄切りにする。肉汁はとっておく。
3 肉汁にBを合わせ、ふんわりとラップをして1分加熱し、2にかける。

変身

冷蔵 4日 ｜ 冷凍 2週間　しょうゆ味

メインおかず

合いびき肉

◎ 加熱は2回に分け、途中でほぐすと、熱が均一に通り味もなじむ
◎ 肉の脂が出るので、油は控えめにする

定番

冷蔵3日 ／ 冷凍1か月　スパイシー

うまみが詰まった調味料でスパイシーに
キーマカレー

材料（4〜5人分）

合いびき肉	300g
玉ねぎ	1個
にんじん	1/2本
エリンギ	1パック
カレールウ	1/3箱
しょうが、にんにく	各1片
A ウスターソース、しょうゆ	各大さじ1 1/2
オイスターソース	大さじ1/2
砂糖	小さじ1
水	100mℓ

作り方　⏱20分

1. 玉ねぎ、にんじんは皮をむいて粗みじん切りにする。エリンギ、カレールウも粗みじん切りにする。しょうが、にんにくはみじん切りにする。
2. 耐熱容器に合いびき肉、1、Aを加えてよく混ぜる。ふんわりとラップをして、電子レンジで5分加熱する。
3. 取り出して混ぜ、ラップをせずにさらに8分加熱する。

ヘルシー

冷蔵3日 ／ 冷凍1か月　塩味

上品な味わいが中までしみ込む
ロールキャベツ

材料（4〜5人分）

合いびき肉	200g
にんじん	小1本
玉ねぎ（みじん切り）	1/2個分
キャベツ	小10枚（500g）
A パン粉	40g
卵	2個
塩、こしょう	各少々
B 水	250mℓ
コンソメスープの素（顆粒）	小さじ2
塩	小さじ1/3
パセリ（みじん切り）	適量

作り方　⏱30分

1. にんじんは皮をむいて8mm厚さの輪切りにする。
2. ボウルに合いびき肉、玉ねぎ、Aを加えてよく混ぜ合わせ、10等分の楕円形に丸める。
3. キャベツはラップで包み、電子レンジで2〜3分加熱し、芯の厚い部分は切り落とす。
4. 3に2をのせて包み、つま楊枝で巻き終わりを留める。
5. 耐熱容器に4を並べ、1、Bを入れてふんわりとラップをして15分加熱する。粗熱がとれたら、パセリをふる。

60

レンチンするだけ！ 合いびきそぼろ（200g）

冷蔵 3日 ｜ 冷凍 1か月

ふんわりラップをして
⏱ **1分30秒＋2分**
途中で全体をほぐす

下準備
① 砂糖小さじ2、しょうゆ大さじ1で味つける
② 耐熱皿に入れて平らにならす

長持ち

エスニックなひき肉炒め
ガパオ

材料（4〜5人分）
- 合いびき肉 …… **300g**
- パプリカ（赤）…… 1個
- たけのこ（水煮）…… 1本
- A
  - ナンプラー、オイスターソース …… 各大さじ1½
  - 砂糖 …… 小さじ1
  - にんにく（みじん切り）… 1片分
  - 赤唐辛子（小口切り）… ½本分
  - サラダ油 …… 大さじ1
  - こしょう …… 少々
- バジル …… ½パック

作り方 ⏱15分
1. パプリカはヘタと種を取り除いて1cm角に切り、たけのこも1cm角に切る。
2. 耐熱容器に合いびき肉、1、Aを入れて混ぜる。ラップをせずに電子レンジで5分加熱する。
3. 取り出して全体を混ぜ、ラップをせずにさらに2分加熱したら、ちぎったバジルを加えてさっくり混ぜる。

冷蔵 5日 ｜ 冷凍 2週間　ピリ辛

変身

ブロッコリーの食感がたのしいふっくら団子
ブロッコリーボール

材料（4〜5人分）
- 合いびき肉 …… **300g**
- ブロッコリー …… 1株
- 片栗粉 …… 適量
- A
  - 片栗粉、しょうゆ、ごま油 …… 各大さじ½
  - 酒 …… 大さじ1
  - 塩 …… 小さじ⅓
  - こしょう …… 少々

作り方 ⏱20分
1. ブロッコリーは小房に分けて、軸に片栗粉をまぶす。茎100g分は、皮をむいてみじん切りにする。
2. ボウルに合いびき肉、A、みじん切りにしたブロッコリーの茎を加えて、粘りが出るまで混ぜる。ブロッコリーの房が少し見えるように、肉だねをボール状に包んで丸める。
3. 耐熱容器に2を並べ、ふんわりとラップをして電子レンジで3〜4分加熱する。

リメイク
クリームシチューの具材に。甘酢だれとからめて酢豚風に。

冷蔵 4日 ｜ 冷凍 2週間　しょうゆ味

メインおかず

ウインナー・ベーコン

◎ウインナーをそのまま使うときは切り目を入れ、破裂を防ぐ
◎味つけは素材の塩分を活かして調整する

定番

冷蔵 4日 ／ 冷凍 2週間 　塩味

シンプルな味つけで素材を引き立てる

ジャーマンポテト

材料（4～5人分）

- ベーコン（ブロック）……120g
- じゃがいも……………………4個
- 玉ねぎ…………………………1個
- A
  - オリーブ油…………大さじ1
  - 塩……………………小さじ½
  - こしょう…………………少々
- パセリ（みじん切り）………適量

作り方 🕒15分

1. じゃがいもは皮をむいてひと口大に、玉ねぎはくし形に切る。ベーコンは8mm角の拍子木切りにする。
2. 耐熱容器に1、Aを入れて混ぜ、ふんわりとラップをして<u>電子レンジで5分加熱</u>する。
3. 取り出して全体を混ぜ、ラップをしてさらに<u>5～6分加熱</u>する。扉を開けずに5分蒸らしたら、パセリをふる。

 バリエーション

ベーコン120g
→ ウインナーソーセージ5～6本

ヘルシー

冷蔵 4日 ／ 冷凍 2週間 　ピリ辛

トマトベースに辛みを効かせて

ラタトゥイユ

材料（4～5人分）

- ウインナーソーセージ……6本
- なす……………………………2本
- 玉ねぎ…………………………1個
- ピーマン………………………2個
- かぼちゃ……………………⅛個
- にんにく（みじん切り）……1片分
- A
  - カットトマト（缶詰）…1缶(400g)
  - 酒……………………大さじ3
  - コンソメスープの素（顆粒）
    ……………………………小さじ2
- B
  - 塩、こしょう、タバスコ
    …………………………各少々

作り方 🕒20分

1. ウインナーソーセージは1.5cm幅の輪切りにする。なす、玉ねぎ、ピーマン、かぼちゃは1.5cm角に切る。
2. 耐熱容器にかぼちゃを入れ、水でぬらしたペーパータオルをかぶせる。ふんわりとラップをして、<u>電子レンジで2分加熱</u>する。
3. 取り出してペーパータオルをはずし、残りの1とAを加えて混ぜる。ふんわりとラップをして<u>5分加熱</u>したら、取り出して全体を混ぜる。ラップをせずにさらに<u>8分加熱</u>し、Bをふって混ぜる。

62

レンチンするだけ！ カリカリベーコン（2枚 40g）

冷蔵 3日 ｜ 冷凍 1か月

ラップなしで
 1分30秒
加熱後、余分な脂をふく

下準備
① ペーパータオルを敷き、重ならないように並べる

ウインナーのうまみが野菜にしみ込む
ソーセージとキャベツの粒マスタード

材料（4～5人分）
ウインナーソーセージ	**10本**
キャベツ	3枚
スナップえんどう	8本
A オリーブ油	大さじ2
酢	大さじ1
にんにく（みじん切り）	1片分
塩	小さじ1/2
こしょう	少々
粒マスタード	大さじ1

作り方　⏱10分
1. ウインナーソーセージは斜め半分、キャベツはざく切り、スナップえんどうはすじを除く。
2. 耐熱容器に、スナップえんどう、ウインナー、キャベツの順に入れて、Aを回しかける。ラップをせずに電子レンジで5分加熱したら、粒マスタードを加えてさっくり混ぜる。

レンジのコツ
食材のボリュームがあるので、深めの耐熱容器を使って。

長持ち

冷蔵 5日 ｜ 冷凍 2週間　スパイシー

バターでコクをプラスした濃厚な風味
ベーコンときのこのクリーム煮

材料（4～5人分）
ベーコン	**4枚（80g）**
しめじ	2パック
玉ねぎ	1個
小麦粉	大さじ4
コンソメスープの素（顆粒）	小さじ1
牛乳	600㎖
バター	40g
塩、こしょう	各少々

作り方　⏱20分
1. ベーコンは細切り、しめじは石づきを落としてほぐし、玉ねぎは薄切りにする。
2. 耐熱容器に小麦粉とコンソメスープの素を入れ、牛乳を少しずつ加えてなめらかになるまで混ぜる。1とちぎったバターをのせ、ふんわりとラップをして電子レンジで6分加熱する。
3. 取り出して全体を混ぜ、ラップをしてさらに5分加熱する。とろみがつかないときは、さらに1分加熱する。最後に塩、こしょうで味を調える。

リメイク
ピザ用チーズをのせてオーブントースターで焼き、グラタンに。

変身

冷蔵 4日 ｜ 冷凍 2週間　こっくり

電子レンジでよりおいしく!
レンチン裏ワザテク

電子レンジで温め・解凍をするときのおいしくなる工夫や、知っておくと便利な裏ワザを紹介します。

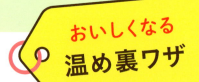
おいしくなる 温め裏ワザ

ごはん　ほぐしながら温める

温め	解凍
1分	2分 + 1分

耐熱容器に入れて水少々をふりかけ、少しほぐす。ふんわりとラップをして加熱する。水を入れると、加熱したときにパサつかない。

耐熱容器に入れて、ふんわりとラップをして2回に分けて加熱する。途中で取り出してほぐし、加熱ムラを防ぐ。

1杯分（150g）

食パン　ラップで包んで加熱は短く

温め	解凍
10秒	20秒 + 10秒

ラップで全体を包み、耐熱容器にのせて加熱する。ラップに包むとパサつかず、もちフワ食感に。加熱しすぎると水分が蒸発してかたくなってしまうので注意。

耐熱容器にのせて水少々をふりかけ、ふんわりとラップをして2回に分けて加熱する。途中で取り出して上下を返す。トースターで2〜3分焼いてもOK。

1枚（6枚切り）

64

シチュー・カレー

300 g

温め	解凍
2分	6分

よく混ぜる

深めの耐熱容器に入れ、ふんわりとラップをして2、3回に分けて加熱する。途中で取り出して混ぜると、ムラなく温まる。

チャーハン・ピラフ

150 g

温め	解凍
2分	3分+1分

皿に平たく広げる

温めの場合は、底の平たい耐熱皿に広げてラップをせずに加熱するとパラパラに仕上がる。解凍の場合はラップに包んで加熱する。耐熱皿に移し替えて軽くほぐし、ラップをせずにさらに加熱する。

コロッケ（揚げもの）

2個

温め	解凍
1分	1分30分

余分な水分を取り除く

ペーパータオルで包んで耐熱容器にのせ、ラップをせずに加熱する。解凍の場合は、軽く自然解凍してから同様に温める。加熱後にオーブントースターで2〜3分焼くと、外側がカリッとする。

天ぷら

2個

温め	解凍
30秒	50秒

加熱は短くてOK

ペーパータオルで包んで耐熱容器にのせ、ラップをせずに加熱する。解凍の場合は、軽く自然解凍してから同様に温める。水分が出て衣がくずれやすいので、様子を見ながら加減する。

煮もの

200 g

温め	解凍
1分	2分

汁けが少なければ水を入れる

汁けのある肉じゃがなどは、そのまま耐熱容器に入れてふんわりとラップをして加熱する。汁けがない煮ものは、水少々をふりかけ、ふんわりとラップをして加熱する。解凍の場合は、軽く自然解凍してから同様に温める。

焼き魚（切り身）

1切れ

温め	解凍
1分	1分

酒をふりかける

ペーパータオルを敷いた耐熱容器にのせ、酒少々をふりかけ、ラップをせずに加熱する。解凍の場合は、冷蔵庫で半日〜1日ほど解凍してから同様にする。一尾魚を温める場合は、皮に切れ目を入れ、破裂を防ぐ。

焼き鳥（たれ）

2本

温め	解凍
30秒	30秒

オーブンシートではさむ

たれが焦げないようにオーブンシートではさみ、耐熱容器にのせてラップをせずに加熱する。解凍の場合は、冷蔵庫で2〜3時間ほど解凍してから同様に温める。

焼きぎょうざ

6本

温め	解凍
1分30分	3分

水をふりかける

温め、解凍ともに、焼き色がついた面を上にして耐熱皿にのせる。水少々をふりかけ、ふんわりとラップをして加熱する。水分があると皮がパサつかない。

グラタン

温め	解凍
2分30分	2分30分

少し長めに加熱する

温めの場合は耐熱容器に入れ、ふんわりとラップをして加熱する。解凍の場合は、冷蔵庫で2〜3時間ほど解凍をしてから同様に温める。

シューマイ・肉まん

シューマイ5個/肉まん1個

温め	解凍
1分	2分

水をふりかける

シューマイは耐熱容器に並べてかたくならないように水少々をふりかけ、ふんわりとラップをして加熱する。肉まんは水にくぐらせてぬらしたペーパータオルに包み、底面を上にしてラップで包んで加熱するとかたくならない。

スープ・みそ汁

1杯（200cc）

温め	解凍
30秒×3回	1分×3回

量を加減してこまめに混ぜる

口の広い耐熱容器に入れて、ふんわりとラップをして2、3回に分けて加熱し、途中で取り出してかき混ぜる。容器に入れる量は7〜8分目くらいまでにして、ふきこぼれを防ぐ。解凍の場合は軽く自然解凍してから同様に温める。

牛乳・ココア

1杯（180cc）

温め
20秒×3回

ラップせずにこまめに混ぜる

耐熱性のあるマグカップに入れて、ラップをせずに2、3回に分けて加熱し、途中で取り出してかき混ぜる。容器に入れる量は7〜8分目くらいまでにして、ふきこぼれを防ぐ。

知っておくと便利な裏ワザ

砂糖をさらさらに

| 50g | 30秒×2回 |

湿気などでかたまってしまった砂糖は耐熱容器に入れて、ラップをせずに加熱をする。一度取り出してかたまった部分を砕き、だまが残っている場合はさらに加熱をする。

おせんべいをパリッとさせる

| 2枚 | 20秒×2回 |

湿けたおせんべいは、耐熱容器に入れてラップをせずに2回に分けて加熱する。途中で取り出して上下を返す。

チョコレートを溶かす

| 50g | 1分 |

板チョコレートを小さく割って耐熱容器に入れ、ラップをせずに加熱する。取り出したらしっかりとかき混ぜる。まだ溶けきれていない場合は、さらに10秒ほど加熱してもう一度かき混ぜる。

にんにくの皮むき

| 1片 | 10秒 |

皮のついたにんにくを耐熱容器に入れ、ラップをせずに加熱する。破けているところから皮をむく。にんにく1個まるごと皮をむく場合は、にんにくの根元を5mmほど切り落とし、ラップをせずに40秒ほど加熱する。

玉ねぎのみじん切りで目がしみない

| 1個 | 1分30秒 |

皮つきのまま上下を5mmほど切り落とし、縦に1か所切り込みを入れる。耐熱容器に入れてラップをせずに加熱したら、皮をむいて切る。皮をむいた場合は、ラップで包んで30秒ほど加熱する。

果汁をしぼりやすくする

| 1個 | 30秒 |

レモンを耐熱容器にのせ、ラップをせずに加熱したら、お好みの大きさに切ってしぼる。オレンジやグレープフルーツ、ゆずなどの柑橘類も同様にできる。

メインおかず

鮭

◎ 酒をふりかけて加熱すると、臭みが出にくい
◎ 耐熱皿に広げて加熱すると、熱が均一に通る

定番

冷蔵 4日 ｜ 冷凍 2週間　塩味

シンプルな味つけでお弁当やおにぎりに大活躍

鮭フレーク

材料（4～5人分）
甘塩鮭 ………… **4切れ（400g）**
酒 …………………… 大さじ½
白いりごま …………… 大さじ1

作り方　⏱10分
1. 耐熱容器に甘塩鮭をのせて、酒をふりかける。ふんわりとラップをして、電子レンジで6～7分加熱する。
2. 取り出して鮭の骨と皮を除き、身を粗くほぐす。白いりごまを加えてさっくりと混ぜ合わせる。

🍱 **レンジのコツ**
底が広くて平たい耐熱容器を使って、加熱ムラを防いで。

ヘルシー

冷蔵 3日 ｜ 冷凍 3週間　しょうゆ味

だしのやさしい風味がなじむ

鮭と大根の煮もの

材料（4～5人分）
生鮭 ………… **4切れ（400g）**
大根 …………………… ½本
A ┌ だし汁 …………… 250㎖
　└ しょうゆ、みりん、酒
　　　　　　　　…… 各大さじ4

作り方　⏱20分
1. 生鮭は骨を取り除いて4等分に切る。大根は皮をむき、2㎝厚さのいちょう切りにする。
2. 耐熱容器に1の大根を入れて、水でぬらしたペーパータオルをかぶせる。ふんわりとラップをして、電子レンジで5分加熱する。
3. 取り出してペーパータオルをはずし、1の鮭を大根に重ならないように入れてAを加える。ラップをしてさらに10分加熱したら、扉を開けずに粗熱がとれるまで蒸らす。

 **リメイク**
鍋に2とAを入れて中火にかけ、5分ほど煮たら、1を加えて中まで火を通す。

レンチンするだけ！ 焼き甘塩鮭（1切れ100g）

冷蔵 3日 ｜ 冷凍 2週間

ラップなしで
⏱ **1分30秒**
（※様子を見て加減する）

下準備
① オーブンシートにのせる
② 両端をひねってふんわり包む

レモンでさっぱりソテー
鮭のレモンバター

材料（4〜5人分）
- 生鮭 ……… **4切れ（400g）**
- レモン ……… ½個
- A ┌ 塩 ……… 小さじ½
　 └ 小麦粉 ……… 少々
- 白ワイン ……… 大さじ1
- バター ……… 大さじ2
- パセリ（みじん切り）…… 大さじ1

作り方 ⏱ 10分
1. 生鮭は長さを半分に切ってAを順にまぶす。レモンは輪切りにする。
2. 耐熱容器にレモンを敷いて鮭を並べ、白ワインをふりかける。ちぎったバターをのせ、ふんわりとラップをして電子レンジで5分加熱する。最後にパセリをふる。

長持ち

 **調理法チェンジ**
フライパンにオリーブ油をひいて、Aをまぶした鮭を両面3分ずつ焼き、白ワインとバターを加えてからめる。

冷蔵 5日 ｜ 冷凍 2週間　**さっぱり**

鮭にクリーミーな味わいがからむ
鮭のコーンクリーム煮

材料（4〜5人分）
- 甘塩鮭 ……… **4切れ（400g）**
- 玉ねぎ ……… ½個
- しめじ ……… 1パック（100g）
- サラダ油 ……… 大さじ1
- A ┌ コーンクリーム缶…1缶（190g）
　 │ 牛乳 ……… 100ml
　 └ コンソメスープの素（顆粒）
　　 ……… 小さじ2
- 塩 ……… 小さじ¼
- こしょう ……… 少々

作り方 ⏱ 15分
1. 玉ねぎは皮をむいて薄切りにし、しめじは石づきを切り落としてほぐす。
2. 耐熱容器に玉ねぎを敷いて甘塩鮭をのせ、サラダ油をまぶす。ラップをせずに電子レンジで3分加熱する。
3. 取り出してしめじとAを加える。ふんわりとラップをしてさらに5分加熱したら、塩、こしょうで味を調える。

変身

冷蔵 3日 ｜ 冷凍 3週間　**こっくり**

メインおかず

あじ

◎ 熱が通りやすいように、3枚おろしにする
◎ 香味野菜を使うと、臭みが出にくい

定番

冷蔵 4日 ／ 冷凍 2週間　さっぱり

しょうががきいた甘酢に漬けて
あじの南蛮漬け

材料（4～5人分）
あじ	4尾（600g）
長ねぎ	½本
パプリカ（赤）	½個
塩	少々
ごま油	大さじ1
A　赤唐辛子（小口切り）	½本分
しょうが（せん切り）	1片分
酢、みりん	各大さじ1
しょうゆ、水	各大さじ1½

作り方　⏱15分

1. あじは3枚におろして塩をふる。長ねぎは縦半分に切って、斜め薄切りにする。パプリカはヘタと種を取り除いて細切りにする。
2. 耐熱容器にあじを入れ、ごま油を加えてからめる。ラップをせずに電子レンジで4分加熱して、汁けをきる。
3. 取り出してAを加え、長ねぎ、パプリカをのせる。ラップをせずにさらに2分加熱し、扉を開けずに粗熱がとれるまで蒸らす。

バリエーション

パプリカ（赤）½個 → にんじん½本

ヘルシー

冷蔵 4日 ／ 冷凍 2週間　みそ味

ふわふわな食感に甘みそがからむ
あじのふんわりみそつくね

材料（4～5人分）
あじ	4尾（600g）
えのきだけ	½袋（50g）
長ねぎ	¼本
しょうが	½片
ごま油	適量
A　卵	½個
パン粉	½カップ（20g）
みそ、砂糖	各小さじ2
しょうゆ	小さじ1

作り方　⏱20分

1. あじは3枚におろして、皮と骨を除き、包丁で粘りがでるまで叩く。えのきだけ、長ねぎ、しょうがはみじん切りにする。
2. ボウルに1、Aを加えてよく練り混ぜて、ひと口大の小判型に丸める。
3. 耐熱容器に2を並べて、ごま油を薄く塗る。ラップをせずに電子レンジで4分30秒加熱する。

レンジのコツ

油を塗って、ラップをせずに加熱すると、焼いたような仕上がりになる。

レンチンするだけ！ 焼きあじ（2尾 300g）

冷蔵 3日 ／ 冷凍 2週間

ラップなしで ⏱ 1分30秒

下準備
① 3枚におろし、塩少々をふる
② オーブンシートに並べ、両端をひねってふんわり包む

白、黒ダブルのごまで香ばしく
あじの甘辛ごままぶし

材料（4～5人分）
- あじ ……… 4尾（600g）
- 小麦粉 ……… 適量
- A ┌ しょうゆ、酒、砂糖
  └ ……… 各大さじ2
- B ┌ 白いりごま、黒いりごま
  └ ……… 各大さじ3

作り方 ⏱ 15分
1. あじは3枚におろして半分の長さに切って小麦粉を薄くまぶす。
2. 耐熱容器に1を入れて、Aを回し入れる。ラップをせずに電子レンジで3～5分加熱する。
3. 取り出して熱いうちにBをからめる。

 **バリエーション**
白いりごま、黒いりごま各大さじ3
→ 粒あられ大さじ5

長持ち

冷蔵 5日 ／ 冷凍 2週間　**甘辛**

みつばとしょうがであっさりと
あじとみつばの焼きほぐし

材料（4～5人分）
- あじの干物 ……… 4枚（400g）
- みつば ……… 1束
- しょうが（みじん切り） ……… 1/2片分
- 酒 ……… 小さじ1

作り方 ⏱ 10分
1. あじの干物に酒をふりかけて、オーブンシートに包む。耐熱容器にのせ、ラップをせずに電子レンジで5～6分加熱する。みつばは1㎝長さに切る。
2. あじの粗熱がとれたら、骨と皮を除いて粗くほぐし、1のみつばとしょうがを加えてあえる。

リメイク
ごはんにのせてお茶漬けに。つぶした里いもと混ぜ合わせてコロッケに。

変身

冷蔵 4日 ／ 冷凍 2週間　**塩味**

メインおかず

ぶり

◎ 酒をふって加熱すると、臭みが出にくい
◎ 熱を通しすぎるとパサつくので、他の食材を先に加熱する

 定番

冷蔵 4日 ｜ 冷凍 2週間　甘辛

甘辛いたれがごはんに合う

ぶりの照り焼き

材料（4〜5人分）

ぶり ……………… 4切れ（400g）
ししとう …………………… 8本
塩、こしょう …………… 各少々
片栗粉 …………………… 適量
A ┃ しょうゆ、砂糖、みりん
　 ┃ ……………… 各大さじ2
　 ┗ ごま油 ………… 小さじ1

作り方 🕙10分（+漬け時間10分）

1 ぶりは塩、こしょうをふり、片栗粉を薄くまぶしてAに10分漬ける。ししとうは包丁で切り目を入れる。
2 耐熱容器にぶりを漬けだれごと入れる。ふんわりとラップをして、電子レンジで5分加熱する。
3 取り出してししとうを加える。ラップをしてさらに1分加熱する。

レンジのコツ
漬けだれを一緒に入れて加熱することで、より味がしみ込む。

ヘルシー

冷蔵 4日 ｜ 冷凍 2週間　しょうゆ味

レモンがのったさっぱりおかず

ぶりときのこのレモンしょうゆ

材料（4〜5人分）

ぶり ……………… 4切れ（400g）
しめじ ………………… ½パック
レモン ………………… ½個
塩、こしょう …………… 各少々
小麦粉 …………………… 適量
A ┃ しょうゆ ………… 大さじ2
　 ┃ みりん ………… 大さじ1½
　 ┗ レモン汁 ……… 大さじ½

作り方 🕙10分

1 ぶりは半分に切って、塩、こしょうをふり、小麦粉を薄くまぶす。しめじは石づきを落としてほぐす。レモンは輪切りにしてから半月切りにする。
2 耐熱容器にぶりを並べてレモンをのせ、しめじをその上におく。Aを回し入れたら、ふんわりとラップをして電子レンジで6分加熱する。

バリエーション

ぶり4切れ（400g）
→ 鶏もも肉2枚（400g）

レンチンするだけ！ ぶりの酒蒸し（1切れ 100g）

冷蔵 3日 ／ 冷凍 2週間

ふんわりラップをして
 2分
扉を開けずに余熱2分

下準備
① 酒大さじ1、塩少々をまぶす
② ペーパータオルで水けをふく

ピリ辛のうまみがぶりにしみる
ぶりの豆板醤煮

材料（4〜5人分）
ぶり ………… 4切れ（400g）
にんじん ………………… 1/4本
長ねぎ …………………… 1本
A ┌ だし汁 ………… 50mℓ
　│ 酒 …………… 大さじ3
　│ しょうゆ、みりん… 各大さじ2
　│ 砂糖 ………… 小さじ2
　└ 豆板醤 ……… 小さじ1

作り方 15分

1. にんじんは皮をむいて細切り、長ねぎは斜め切りにする。
2. 耐熱容器に**1**を敷いてぶりをのせる。**A**を加え、ふんわりとラップをして電子レンジで7分加熱する。取り出したら、粗熱がとれるまで蒸らす。

長持ち

冷蔵 4日 ／ 冷凍 3週間　ピリ辛

 **バリエーション**
にんじん1/4本
→ ししとう8本

にんにくがたっぷり効いてるスタミナ系
ぶりのにんにく漬け焼き

材料（4〜5人分）
ぶり ………… 4切れ（400g）
にんにく（薄切り）……… 2片分
塩 ……………………… 小さじ2/3
小麦粉、ごま油 ……… 各適量
A ┌ みりん ………… 大さじ1/2
　└ おろしにんにく、おろししょうが
　　　　　　　　　　各1/2片分

作り方 10分（+漬け時間 10分）

1. ぶりは2cm幅に切って、塩をまぶしてから**A**に10分漬ける。
2. **1**の汁をきって、小麦粉を薄くまぶし、耐熱容器に並べる。にんにくをその上にのせて、全体にごま油を薄く塗る。
3. ラップをせずに電子レンジで5分加熱する。

変身

冷蔵 4日 ／ 冷凍 2週間　塩味

 **リメイク**
野菜炒めの具材に。サラダ菜とマヨネーズとともにロールパンにはさんでサンドイッチに。

メインおかず

たら

◎ 調味料で水分を足して、パサつきを防ぐ
◎ 身が崩れやすいので、取り出したり、ひっくり返すときはフライ返しを使う

定番

冷蔵 4日 ／ 冷凍 2週間　塩味

魚介とトマトのコクがマッチ

たらのアクアパッツァ

材料（4〜5人分）

甘塩たら	**4切れ（400g）**
あさり（砂出ししたもの）	200g
プチトマト	8個
パセリ（みじん切り）	大さじ1
A にんにく（みじん切り）	1片分
オリーブ油	大さじ2
白ワイン	大さじ1
塩、こしょう	各少々

作り方 ⏱ 10分

1. 耐熱容器に甘塩たらとあさりを並べ入れて、**A**を回し入れる。ふんわりとラップをして、電子レンジで4分加熱する。
2. 取り出してプチトマトを加える。ラップをしてさらに2分加熱したら、パセリをふる。

 バリエーション

あさり200g
→ えび（殻つき）12尾（240g）

ヘルシー

冷蔵 3日 ／ 冷凍 3週間　さっぱり

梅とポン酢のダブル酸味がさわやか

たらのポン酢蒸し

材料（4〜5人分）

生たら	**4切れ（400g）**
ほうれん草	½束
しめじ	1パック
塩	少々
A 練り梅	大さじ2
ポン酢しょうゆ	90mℓ

作り方 ⏱ 15分（＋漬け時間10分）

1. 生たらは塩をふって10分ほどおき、ペーパータオルで水けをふき取る。
2. ほうれん草は4〜5cm長さに切り、しめじは石づきを切り落としてほぐす。
3. 耐熱容器にほうれん草を敷き、**1**、しめじをのせる。混ぜ合わせた**A**をかけ、ふんわりとラップをして電子レンジで7〜8分加熱する。

 バリエーション

練り梅大さじ2
→ ゆずこしょう小さじ1

74

レンチンするだけ！ たらの酒蒸し （1切れ100g）

冷蔵 3日 ／ 冷凍 2週間

ふんわりラップをして
⏱ **2分**
扉を開けずに余熱2分

下準備
① 酒大さじ1、塩少々をまぶす
② ペーパータオルで水けをふく

長持ち

ケチャップと一味の意外な相性
たらのケチャップ蒸し

材料（4〜5人分）
- 甘塩たら……… **4切れ（400g）**
- ピーマン………………2個
- 小麦粉…………………適量
- A
  - トマトケチャップ…… 大さじ2
  - はちみつ………… 小さじ1
  - オリーブ油……… 大さじ½
  - おろしにんにく …… ½片分
  - 一味唐辛子………… 少々

作り方 ⏱ 15分
1. 甘塩たらは3等分に切って、小麦粉を薄くまぶす。ピーマンはヘタと種を除いてひと口大の乱切りにする。Aは合わせておく。
2. 耐熱容器にたらを並べ入れてAを塗り、その上にピーマンをのせる。ふんわりとラップをして電子レンジで3〜4分加熱したら、さっくりと混ぜる。

冷蔵 5日 ／ 冷凍 2週間　**ピリ辛**

 バリエーション
一味唐辛子少々
→ コチュジャン少々

変身

香味野菜とごま油が決め手の中華風味
たらのレンジ香味ソースがけ

材料（4〜5人分）
- 甘塩たら……… **4切れ（400g）**
- 長ねぎ………………… ½本
- しょうが……………… 1片
- A
  - ごま油………… 大さじ1
  - 酒……………… 大さじ½
  - しょうゆ………… 小さじ1

作り方 ⏱ 15分
1. 甘塩たらは3等分に切る。
2. 長ねぎ、しょうがはみじん切りにする。
3. 耐熱容器に1を並べ入れ、2を散らしてAをかける。ふんわりとラップをして、電子レンジで8分加熱する。

冷蔵 3日 ／ 冷凍 1か月　**しょうゆ味**

 リメイク
ほぐしてごはんに混ぜておにぎりに。そのままごはんにのせてだしをかけてお茶漬け風に。

メインおかず

めかじき

◎ 油を適度に入れると、パサつきが防げる
◎ 下味をしっかりとつけて加熱すると、味がしみ込みやすくなる

定番

冷蔵 4日 / 冷凍 2週間　こっくり

バターでコクを出して上品な味つけに
めかじきのムニエル

材料（4～5人分）

めかじき ……… **4切れ（400g）**
にんじん ……………………… 1/2本
塩、こしょう ………………… 少々
小麦粉 ………………………… 適量
A ┌ バター …………… 大さじ2
　│ コンソメスープの素（顆粒）
　│ ……………………… 小さじ1/2
　└ 白ワイン ………… 大さじ1
パセリ（みじん切り）………… 少々

作り方 ⏱10分

1 めかじきに塩、こしょうをふり、小麦粉を薄くまぶす。にんじんは皮をむいて輪切りにする。
2 耐熱容器に1を並べ入れて、Aを加える。ふんわりとラップをして、電子レンジで4～6分加熱したら、パセリをふる。

🔲 レンジのコツ
底が平たい耐熱容器に重ならないようにして並べ、加熱むらを防ぐ。

ヘルシー

冷蔵 3日 / 冷凍 3週間　ピリ辛

キムチのピリ辛がしみた大人な一品
めかじきのキムチ蒸し

材料（4～5人分）

めかじき ……… **4切れ（400g）**
長ねぎ ………………………… 1本
しょうが ……………………… 1片
白菜キムチ …………………… 150g
塩、こしょう ……………… 各少々
A ［ 酒、ごま油 …… 各大さじ2

作り方 ⏱15分

1 めかじきは塩、こしょうをふる。
2 長ねぎは1cm幅の斜め切りにする。しょうがはせん切りにする。
3 耐熱容器に1を並べ入れて、2、白菜キムチをのせ、Aをかける。ふんわりとラップをして、電子レンジで5分加熱をする。扉を開けずに粗熱がとれるまで蒸らす。

 バリエーション

めかじき4切れ（400g）
→ 生たら4切れ（400g）

レンチンするだけ！ めかじきの煮つけ （1切れ100g）

冷蔵 3日 ／ 冷凍 2週間

ふんわりラップをして
⏱ **1分＋1分30秒**
途中で上下を返す

下準備
① 砂糖小さじ1、しょうゆ・酒・みりん各大さじ½で味つける

じっくり漬かったオイルもおいしい
めかじきのオイル漬け

材料（4〜5人分）

めかじき ……… 4切れ（400g）

A
- 塩、砂糖 ……… 各小さじ⅔
- こしょう ……………… 少々
- 酒 ……………… 大さじ½

B
- 赤唐辛子（種は除く）…… 1本
- にんにく ……………… 3片
- オリーブ油 ……… ¼カップ
- サラダ油 ………… ½カップ

作り方 ⏱ 10分（＋漬け時間ひと晩）

1 めかじきは2cm幅のスティック状に切る。Bのにんにくは包丁の腹でつぶしておく。
2 耐熱容器に1のめかじきを入れて、Aを上から順にまぶす。ふんわりとラップをして電子レンジで4分加熱をする。扉を開けずに粗熱がとれるまで蒸らす。
3 2の汁をきってBを入れ、ひと晩漬ける。

 バリエーション

めかじき4切れ（400g）
→ かき（加熱用）400g

冷蔵 5日 ／ 冷凍 3週間　**塩味**

長持ち

和の風味がトマトにマッチ
めかじきの和風ラタトゥイユ

材料（4〜5人分）

めかじき ……… 4切れ（400g）
玉ねぎ ……………………… ½個
ズッキーニ ………………… 1本
パプリカ（赤）……………… 1個
青じそ ……………………… 6枚

A
- 塩 ……………… 小さじ½
- こしょう ……………… 少々
- 小麦粉 ………… 大さじ½

B
- ホールトマト（缶詰）
　…………… ½缶（200g）
- トマトケチャップ、オリーブ油
　……………… 各大さじ2
- 和風だしの素（顆粒）‥小さじ½
- にんにく（薄切り）…… 1片分

作り方 ⏱ 15分

1 めかじきは角切りにする。玉ねぎは角切り、ズッキーニは2cm厚さのいちょう切りにする。パプリカはヘタと種を取り除いて乱切りにする。
2 耐熱容器にめかじきを入れて、Aを上から順番にまぶす。1の野菜とBを加えてさっくり混ぜる。ふんわりとラップをして電子レンジで6分加熱したら、扉を開けずに5分蒸らす。最後にちぎった青じそを加え、さっくりと混ぜる。

冷蔵 3日 ／ 冷凍 2週間　**さっぱり**

変身

メインおかず

さば

◎ 余熱で蒸らすと、しっとりとした食感になる
◎ 皮目に切り目を入れると、味がしみ込みやすくなる

定番

冷蔵 4日 ／ 冷凍 2週間　みそ味

じっくり漬け込んだようなしっかり味
さばみそ

材料（4〜5人分）

生さば(半身) …… 3枚(450g)
長ねぎ ……………………… 1本
しょうが(薄切り) ……… ½片分
酒 ……………………… 大さじ2
A ┌ みそ、みりん …… 各大さじ3
　└ 砂糖 …………… 大さじ1½

作り方 ⏱10分

1 生さばは2等分にして、皮に切り目を1本入れる。長ねぎは4cm長さに切る。Aは合わせておく。
2 耐熱容器にさばを並べ入れ、しょうがをのせて、酒を回し入れる。ふんわりとラップをして電子レンジで3分加熱したら、汁けをきる。
3 2にAをかけて、長ねぎを加える。ラップをして、さらに3〜4分加熱する。

レンジのコツ
一度加熱して蒸し汁をきって臭みを取り除き、味つけをする。

ヘルシー

冷蔵 3日 ／ 冷凍 3週間　さっぱり

レモンでさっぱり洋風な味わい
さばのレモン蒸し

材料（4〜5人分）

生さば(3枚おろし) …… 2尾分
玉ねぎ ……………………… 1個
レモン ……………………… 1個
A ┌ 塩、しょうゆ …… 各小さじ1
　└ オリーブ油 …… 大さじ1

作り方 ⏱15分

1 生さばは骨を除いて2cm幅のそぎ切りにする。
2 玉ねぎは薄切り、レモンは薄い輪切りにする。
3 耐熱容器に2の玉ねぎを敷き、さば、レモンの順にのせてAを加える。ふんわりとラップをして電子レンジで7分加熱する。扉を開けずに粗熱がとれるまで蒸らす。

バリエーション
オリーブ油大さじ1
→ バター20g

レンチンするだけ！ 焼きさば（1切れ 150g）

冷蔵 3日 / 冷凍 2週間

ラップなしで ⏱ 3分

下準備
① 皮目を下にして、酒少々をふりかける
② オーブンシートにのせ、両端をひねってふんわり包む

長持ち

トマト味がしみ込んで冷めてもおいしい
さばのトマト煮

材料（4〜5人分）

- 塩さば（半身）……… 3枚（450g）
- 玉ねぎ ………………… ½個
- エリンギ ……………… 2本
- オリーブ油 …………… 大さじ2
- A
  - ホールトマト（缶詰）………… 1缶（400g）
  - ドライバジル …… 小さじ½
  - にんにく（みじん切り）…1片分
  - 塩、こしょう ……… 各少々

作り方 ⏱ 15分

1. 塩さばは4等分、玉ねぎはくし形に切る。エリンギは縦4等分に裂く。
2. 耐熱容器にさばを入れて、オリーブ油をまぶす。ラップをせずに電子レンジで3分加熱する。
3. 取り出して玉ねぎ、エリンギ、合わせたAを加える。ふんわりとラップをしてさらに4〜5分加熱する。扉を開けずに粗熱がとれるまで蒸らす。

冷蔵 4日 / 冷凍 2週間　**こっくり**

 **バリエーション**

塩さば3枚（450g）
→ 鶏むね肉小2枚（400g）

変身

しょうががほのかに香る
さばのから揚げ

材料（4〜5人分）

- 生さば（半身）…… 3枚（350g）
- れんこん ……………… ½本
- A
  - しょうゆ ………… 大さじ2
  - みりん …………… 大さじ1
  - しょうがの絞り汁 …1片分
- 片栗粉 ………………… 適量
- 塩 ……………………… 少々
- サラダ油 ……………… 適量

作り方 ⏱ 15分（+漬け時間 15分）

1. 生さばは3cm幅に切ってAに15分ほど漬けておく。れんこんは皮をむいて、7〜8mm幅の半月切りにする。
2. 汁けをふいたさばに片栗粉を薄くまぶす。耐熱容器にれんこんを並べ入れて塩をふったら、さばをのせてサラダ油を塗る。
3. ラップをせずに電子レンジで5〜6分加熱する。

冷蔵 4日 / 冷凍 2週間　**しょうゆ味**

 **リメイク**

おろしあんをかける。パンにはさんでさばサンドに。

メインおかず

いか

◎ 切り目を入れたり、小さく切ると、熱通りがよくなる
◎ かたくなりやすいので、様子を見ながら加熱時間を加減する

定番

冷蔵 3日 / 冷凍 3週間　しょうゆ味

いかのうまみがおいしい和の煮もの

いかと里いもの煮もの

材料（4～5人分）

- するめいか ……… 2杯（500g）
- 里いも ……………………… 6個
- A
  - だし汁 ……………… 400ml
  - みりん ……………… 大さじ4
  - 砂糖 ………………… 大さじ1
  - 酒、しょうゆ …… 各大さじ2

作り方 ⏱25分

1. するめいかは内臓を除いて洗う。胴は1.5cm幅の輪切り、足は食べやすく切る。
2. 里いもは皮に切り目を入れて1個ずつラップで包み、電子レンジで6～8分加熱する。皮をむき、大きいものは半分に切る。
3. 耐熱容器に1、2、Aを入れて混ぜ、ふんわりとラップをして5分加熱する。取り出して混ぜ、ラップをしてさらに3分加熱する。扉を開けずに粗熱がとれるまで蒸らす。

 バリエーション

里いも6個
→ じゃがいも3個

ヘルシー

冷蔵 4日 / 冷凍 3週間　さっぱり

セロリやレモンでさっぱりいただく

いかのエスカベッシュ

材料（4～5人分）

- ロールいか …… 2杯分（250g）
- 玉ねぎ ……………………… 1/2個
- セロリ ……………………… 1/4本
- レモン（輪切り）…………… 3枚
- ローリエ …………………… 1枚
- A
  - にんにく（みじん切り）…1片分
  - 白ワイン、酢 …… 各大さじ2
  - オリーブ油 ………… 大さじ1
  - 塩、砂糖 ……… 各小さじ1/2
  - こしょう ………………… 少々

作り方 ⏱15分

1. ロールいかは食べやすく切る。玉ねぎは薄切り、セロリは斜め薄切りにする。
2. 耐熱容器に玉ねぎ、セロリ、いか、レモン、ローリエの順に重ねて、Aを回し入れる。
3. ふんわりとラップをして、電子レンジで3～4分加熱したら、扉を開けずに2分蒸らす。

バリエーション

ロールいか2杯分（250g）
→ ゆでだこ250g

レンチンするだけ！ 蒸しいか（1杯 250g）

| 冷蔵 3日 | 冷凍 2週間 |

ふんわりラップをして
 2分30秒
（※様子を見て加減する）

下準備
① 全体に細かく切り目を入れる
② 塩小さじ1をまぶす

甘辛だれがごはんまでしっかりしみ込む
レンジいかめし

材料（4〜5人分）

するめいか……… 3杯（750g）
A［しょうゆ、みりん、砂糖
　　……………… 各大さじ3
　　しょうがの絞り汁 …1片分］
B［ごはん………2杯分（300g）
　　和風だしの素（顆粒）
　　……………………小さじ1］
水溶き片栗粉………………少々

作り方 ⏱15分（+漬け時間ひと晩）

1 するめいかは内臓を除いて洗う。足は食べやすく切ってAにひと晩漬ける。
2 Bを混ぜ合わせ、いかの胴に詰めてつま楊枝で留める。別のつま楊枝で数か所穴をあける。
3 耐熱容器に2を漬けだれごと入れ、ふんわりとラップをして<u>電子レンジで5〜6分加熱する</u>。いかめしを取り出し、煮汁に水溶き片栗粉を加える。ラップをして<u>1分加熱</u>し、いかめしにかける。

| 冷蔵 5日 | 冷凍 2週間 | 甘辛 |

長持ち

 **レンジのコツ**
加熱中に破裂するのを防ぐため、いかに数か所穴をあけておく。

山椒の刺激がお酒にも合う
いかの山椒煮

材料（4〜5人分）

ロールいか ……… 2杯分（250g）
A［しょうゆ…………大さじ2
　　酒、みりん……各大さじ1
　　粉山椒…………小さじ½］
サラダ油……………大さじ½

作り方 ⏱10分（+漬け時間10分）

1 ロールいかは、斜め格子状に浅く切り目を入れて2〜3㎝幅に切る。
2 混ぜ合わせたAに1をもみ込み、10分ほどおく。
3 2の漬けだれをぬぐって、耐熱容器に重ならないように並べ入れる。サラダ油をまぶし、ラップをせずに<u>電子レンジで5分加熱する</u>。

| 冷蔵 3日 | 冷凍 2週間 | ピリ辛 |

変身

 **リメイク**

根菜と合わせて煮ものに。焼きそばの具材にも。

メインおかず

えび

◎ 小麦粉や片栗粉をつけると、かたくならずプリプリとした食感になる
◎ 縮みやすいので、様子を見ながら加熱時間を加減する

定番

冷蔵 4日 / 冷凍 2週間　ピリ辛

プリプリえびにうま辛がからむ
えびチリ

材料（4～5人分）

- えび（殻つき）……24尾（480g）
- 塩……少々
- 片栗粉……適量
- A
  - トマトケチャップ……大さじ4
  - 砂糖、酒、ごま油……各大さじ1
  - 水……1/4カップ
  - 鶏がらスープの素（顆粒）……小さじ1
  - 豆板醤……小さじ1/2
  - 長ねぎ（みじん切り）……1/2本分
  - にんにく（みじん切り）……1片分

作り方　🕐15分

1. えびは尾を残して殻をむく。背に切り込みを入れ、背わたを除く。塩をふり、片栗粉を薄くまぶす。Aは合わせておく。
2. 耐熱容器に、1とAを加えてさっくりと混ぜる。ふんわりとラップをして電子レンジで5分加熱したら、底からすくうように大きく混ぜてとろみをつける。とろみがつかないときは、ラップをしてさらに1～2分加熱する。

ヘルシー

冷蔵 3日 / 冷凍 3週間　さっぱり

だしを効かせた料亭の味
えびとかぶの白だし煮

材料（4～5人分）

- えび（殻つき）……12尾（240g）
- かぶ……4個
- 酒……大さじ1
- A
  - 水……400ml
  - 白だし……100ml

作り方　🕐20分

1. えびは殻と背わたを除き、酒をふりかける。かぶは茎を2cmほど残して切り落とし、皮をむいて縦6等分のくし形切りにする。
2. 耐熱容器に1、Aを入れ、ふんわりとラップをして電子レンジで7分加熱する。取り出して混ぜたらラップをかけなおし、粗熱がとれるまで蒸らす。

 調理法チェンジ

鍋にAを入れて煮立たせ、1、2を加えて落としぶたをする。中火で10分ほど煮る。

レンチンするだけ！ ゆでえび（5尾100g）

冷蔵 3日 ｜ 冷凍 2週間

ふんわりラップをして
 1分30秒
（※様子を見て加減する）

下準備
① 殻と背わたを取り除く
② 酒大さじ1、塩少々をまぶす

長持ち

甘酸っぱさがあとをひくタイ風おかず
えびと豆もやしのエスニックあえ

材料（4〜5人分）
- むきえび ……… **10尾（200g）**
- 紫玉ねぎ ……………… 1/4個
- パクチー ……………… 2株
- 豆もやし ……… 1袋（200g）
- A
  - 水 ……………… 1/4カップ
  - 塩 ……………… 少々
- B
  - 赤唐辛子（種は除く）… 1/2本
  - 酢、ナンプラー … 各大さじ2
  - ごま油 ……………… 大さじ1
  - 砂糖 ……………… 小さじ1/2
  - おろしにんにく … 1/2片分
  - 塩、こしょう ……… 各少々

作り方 10分

1. むきえびは背に切り込みを入れて背わたを除く。紫玉ねぎは薄切りに、パクチーは2cm長さに切る。
2. 耐熱容器に豆もやし、えび、Aを入れる。ふんわりとラップをして電子レンジで4分加熱したら、ザルにあげて粗熱をとる。
3. ボウルにBを混ぜ合わせ、2と紫玉ねぎ、パクチーを加えてあえる。

冷蔵 5日 ｜ 冷凍 2週間 **甘酸っぱい**

変身

青じそを巻いてさっぱりと
えび青じそフライ

材料（4〜5人分）
- えび（殻つき）…… **16尾（320g）**
- 青じそ ……………… 16枚
- A
  - パン粉 ……… 2カップ（80g）
  - オリーブ油 ……… 大さじ6
- 塩、こしょう ……… 各少々
- B
  - 小麦粉、水 …… 各大さじ5

作り方 15分

1. 耐熱容器にAを混ぜ入れ、ラップをせずに電子レンジで2分加熱する。取り出して混ぜ、さらに2〜3分加熱する。
2. えびは尾を残して殻をむいて背わたを除く。腹に3か所切り目を入れて身をのばす。塩、こしょうをふり、青じそを巻く。
3. 混ぜたBを2につけ、1をまぶす。ペーパータオルを敷いた耐熱容器に並べ、ラップをせずに1分加熱する。取り出して上下を返し、ラップをせずにさらに30秒〜1分加熱する。

リメイク

おにぎりにして天むす風に。バターロールにはさんでホットドック風に。

冷蔵 4日 ｜ 冷凍 2週間 **塩味**

メインおかず

ゆでだこ・貝類

◎ゆでだこはかたくなりやすいので、様子を見ながら加熱時間を加減する
◎殻つきの貝類は破裂の恐れがあるので、水分を足してふんわりとラップをし、加熱する

定番

冷蔵4日 / 冷凍2週間　**しょうゆ味**

貝のうまみでだしがしっかりしみる
あさりとアスパラの酒蒸し

材料（4～5人分）

- あさり（殻つき） …… **500g**
- グリーンアスパラガス …… 10本
- にんにく（薄切り） …… 1/2片分
- A [酒、ごま油 …… 各大さじ2
      塩 …… 少々]
- しょうゆ …… 小さじ1

作り方 ⏱ **10分**

1. あさりは砂出しして、殻をこすり合わせて洗う。グリーンアスパラガスは、根元のかたい部分とはかまを除き、4cm長さの斜め切りにする。
2. 耐熱容器に1のあさりを入れ、アスパラとにんにくをのせて、Aを回し入れる。ふんわりとラップをして、<u>電子レンジで5～6分加熱する</u>。あさりの口が開いたら、しょうゆを回しかける。

 **バリエーション**

グリーンアスパラガス10本
→ プチトマト10個

ヘルシー

冷蔵4日 / 冷凍2週間　**こっくり**

かきの濃厚なうまみをたっぷり味わう
かきとほうれん草のミルク煮

材料（4～5人分）

- かき（加熱用） …… **12個（240g）**
- ほうれん草 …… 1束
- 玉ねぎ …… 1/2個
- A [白ワイン …… 大さじ1
      塩、こしょう …… 各少々]
- B [小麦粉 …… 大さじ3
      コンソメスープの素（顆粒） …… 小さじ1]
- 牛乳 …… 2カップ

作り方 ⏱ **20分**

1. かきは塩水で洗い、水けをふく。ほうれん草は3cm長さに、玉ねぎは薄切りにする。
2. 耐熱容器にかき、Aを入れ、ほうれん草をのせる。ふんわりとラップをして電子レンジで<u>2分加熱</u>したら、扉を開けずに粗熱がとれるまで蒸らす。
3. 別の耐熱容器にBを入れ、牛乳を少しずつ加えて混ぜる。玉ねぎを加え、ラップをして<u>5分加熱</u>する。混ぜたら、ラップをしてさらに<u>4分加熱</u>する。2を加えて混ぜ、5分蒸らす。

レンチンするだけ！ あさりの酒蒸し（200g）

冷蔵 3日 ／ 冷凍 3週間

ふんわりラップをして

 3分30秒
（※貝が開いていなければ、再度加熱する）

下準備
① 酒大さじ1をふりかける

たこと卵の食感が絶妙にマッチ
たことにらのチヂミ

材料（4～5人分）
- ゆでだこ（足）……150g
- にら………………1束
- A┌ 小麦粉……2/3カップ（70g）
　 └ 片栗粉………大さじ1
- B┌ 卵…………………2個
　 │ ごま油………大さじ2
　 └ 水………………1/2カップ
- ごま油………………大さじ1
- C┌ 長ねぎ（みじん切り）…大さじ1
　 │ ポン酢しょうゆ……大さじ3
　 └ ラー油……………少々

作り方 20分

1 ゆでだこは5mm厚さ、にらは5cm長さに切る。AとBはそれぞれ混ぜ合わせ、AにBを少しずつ加えて混ぜたら、たことにらを加えてさっくりと混ぜる。
2 底の平たい耐熱容器にオーブンシートを敷き、1の半量を流して平らに広げる。ごま油の半量をふちに回し入れて、ラップをせずに電子レンジで6分加熱する。同様にもう1枚作る。
3 2を食べやすく切って、混ぜ合わせたCを添える。

長持ち

冷蔵 5日 ／ 冷凍 2週間　ピリ辛

にんにくバターのコクがほたてにからまる
ほたてのにんにくバターソテー

材料（4～5人分）
- ほたて貝柱……………400g
- A┌ 白ワイン………大さじ1/2
　 │ おろしにんにく……1/2片分
　 └ 塩、こしょう………各少々
- バター……………大さじ1・1/2
- パセリ（みじん切り）……大さじ1

作り方 10分

1 ほたて貝柱は耐熱容器に入れて、Aを加えてあえる。ちぎったバターをのせ、ふんわりとラップをして電子レンジで4～5分加熱する。
2 取り出したらパセリを加え、さっくり混ぜる。

変身

 リメイク
パスタやピラフの具材に。

冷蔵 4日 ／ 冷凍 2週間　塩味

メインおかず

ツナ

◎ 加工済みの食材なので、加熱は短めに設定する
◎ オイル漬けのツナの缶汁をそのまま使うと、パサつきが防げる

定番

めんつゆで味が調うラクうまおかず

ツナのキャベツ炒め

材料（4～5人分）

ツナ（オイル漬け缶詰）	小2缶（140g）
キャベツ	1/4個
玉ねぎ	1/2個
A 塩、こしょう	各少々
めんつゆ（3倍濃縮）	大さじ3

作り方 🕙 10分

1. キャベツはざく切りに、玉ねぎは皮をむいて薄切りにする。
2. 耐熱容器に**1**、缶汁をきったツナ、**A**を入れて混ぜる。ラップをせずに**電子レンジで5分加熱**したら、さっくりと混ぜ合わせる。

冷蔵3日／冷凍1か月　さっぱり

 バリエーション

キャベツ1/4個
→ ほうれん草1束

ヘルシー

クリームチーズでコクをプラス

トマトカップツナリエット

材料（4～5人分）

ツナ（オイル漬け缶詰）	小1缶（70g）
トマト	3個
玉ねぎ	1/4個
ホールコーン（缶詰）、クリームチーズ	各60g
塩、こしょう	各少々
パセリ（みじん切り）	少々
粗びき黒こしょう	少々

作り方 🕙 15分

1. ツナ缶は缶汁をきっておく。トマトは横半分に切って、種を除く。玉ねぎはみじん切りにする。
2. ボウルにツナ、玉ねぎ、ホールコーン、クリームチーズを入れて混ぜる。塩、こしょうで味を調えてトマトに詰める。
3. 耐熱容器に**2**を入れて、ラップをせずに**電子レンジで2分加熱**したら、パセリと粗びき黒こしょうをふる。

冷蔵3日／冷凍2週間　塩味

バリエーション

クリームチーズ60g
→ マヨネーズ大さじ2

86

レンチンするだけ！ツナマヨチーズ（オイル漬け缶詰1缶70g）

冷蔵	冷凍
3日	3週間

ふんわりラップをして
 1分
（※様子を見て加減する）

下準備
① マヨネーズ大さじ1、ピザ用チーズ10gと混ぜ合わせる

ツナの油がうまみの秘訣
ツナとオクラのカレーソテー

材料（4〜5人分）

ツナ（チャンクタイプオイル缶詰）
　……………… 大1缶（140g）
オクラ ……………… 16本
A ┌ カレー粉 ……… 小さじ1/3
　├ しょうゆ ……… 小さじ1
　└ ツナ缶汁（オイル）‥ 小さじ2
塩、こしょう ……… 各少々
黒いりごま ……… 小さじ1

作り方 10分

1. オクラはガクを1周むいて、斜め半分に切る。ツナはAの分の缶汁を残し、汁けをきっておく。
2. 耐熱容器にAを混ぜ合わせ、1を加える。ふんわりとラップをして、電子レンジで3分加熱する。
3. 取り出して黒いりごま、塩、こしょうをふり、さっくり混ぜる。

 **バリエーション**

オクラ16本
→ ピーマン8個

長持ち

冷蔵	冷凍
5日	2週間

スパイシー

女性に人気のほっくり食材とマヨソースをからめて
デリ風ツナとかぼちゃのマヨあえ

材料（4〜5人分）

ツナ（オイル漬け缶詰）
　……………… 小2缶（140g）
かぼちゃ ……………… 1/4個
ミックスビーンズ（ゆで）…1袋（100g）
A ┌ マヨネーズ ……… 大さじ3
　├ はちみつ ……… 大さじ1/2
　└ 塩、こしょう ……… 各少々

作り方 10分

1. かぼちゃは種とわたを除き、皮をところどころむいてひと口大に切る。
2. 耐熱容器に1を入れ、ふんわりとラップをして電子レンジで3分加熱する。取り出してかぼちゃに竹串がすっと通ったら、粗熱がとれるまでおく。
3. ボウルにAを混ぜ合わせ、缶汁をきったツナ、ミックスビーンズ、2を加えてさっくりあえる。

 **リメイク**

クリームシチューの具材に。食パンにチーズとはさんで焼いて、ホットサンドに。

変身

冷蔵	冷凍
4日	2週間

こっくり

87

メインおかず

豆腐

◎ 加熱すると水分が増えるので、味つけ前にしっかりと水きりをする
◎ 下味を少し濃いめにつけて加熱すると、味が中までしみ込む

定番

冷蔵 4日 ／ 冷凍 ×　**しょうゆ味**

肉のうまみが豆腐によくなじむ

肉豆腐

材料（4〜5人分）

- 木綿豆腐 ……………… 1丁(300g)
- 牛切り落とし肉 ……………… 400g
- さやいんげん ……………… 1袋
- A
  - しょうゆ ……………… 大さじ3
  - みりん ……………… 大さじ2
  - 砂糖 ……………… 大さじ1
  - 片栗粉 ……………… 小さじ1

作り方 ⏱15分

1. 牛切り落とし肉はAをもみ込む。木綿豆腐は4等分に切る。さやいんげんはすじを除く。
2. 耐熱容器に豆腐、さやいんげんを入れて、牛肉を漬けだれごと広げて重ねる。ふんわりとラップをして<u>電子レンジで8〜9分加熱</u>したら、全体を混ぜる。

🔸**レンジのコツ**
底が平らで広い耐熱容器で豆腐の上に肉をのせて加熱することで、豆腐全体に味がいきわたる。

ヘルシー

冷蔵 4日 ／ 冷凍 ×　**塩味**

ふわふわ食感がクセになる

茶巾豆腐

材料（4〜5人分）

- 木綿豆腐 ……………… 2丁(600g)
- むきえび ……………… 100g
- さやいんげん ……………… 4本
- A
  - 片栗粉 ……………… 大さじ2
  - 和風だしの素(顆粒) … 小さじ2

作り方 ⏱20分

1. 木綿豆腐はひと口大にちぎりペーパータオルで包む。ラップをせずに<u>電子レンジで3分加熱</u>したら、ザルにあげて水けをきる。むきえびは5mm角に切る。さやいんげんは薄切りにする。
2. 1の豆腐にAを加え、なめらかにすりつぶす。えび、いんげんを加えて混ぜ、10等分にラップで包み、茶巾にする。
3. 耐熱容器に2を並べ入れ、ふんわりとラップをして2〜3分加熱する。扉を開けずに粗熱がとれるまで蒸らす。

**バリエーション**
さやいんげん4本
→ 枝豆(冷凍)200g

レンチンするだけ！ 水きり豆腐（1丁 300g）

冷蔵	冷凍
2日	×

ラップなしで
⏱ **3分**
加熱後、ペーパータオルで水けをふく

下準備
① ペーパータオルで全体をしっかりと包む

スタミナ食材と甘辛みその相性バツグン
焼き豆腐と豚肉の甘辛みそ炒め

長持ち

材料（4～5人分）

焼き豆腐	1丁（300g）
豚バラ薄切り肉	200g
長ねぎ	½本
にんにくの芽	200g
A みそ	大さじ2½
ごま油	大さじ1
はちみつ、しょうゆ	各小さじ2
豆板醤	小さじ½

作り方 ⏱ 15分

1. 豚バラ薄切り肉はひと口大に切って、Aをもみ込む。長ねぎは斜め薄切りにする。にんにくの芽は3cm長さに切る。
2. 焼き豆腐はひと口大に切ってラップに包み、電子レンジで3分加熱したら、ザルにあげてしっかり水けをきる。
3. 耐熱容器に、2、長ねぎ、にんにくの芽を入れて、豚肉を広げ重ねる。ふんわりとラップをして4～6分加熱したら、さっくりと混ぜる。

 **調理法チェンジ**
フライパンにごま油をひいて中火で豚肉とにんにくの芽、焼き豆腐、長ねぎ、Aの順で炒める。

冷蔵	冷凍
5日	×

甘辛

しっかり味の和風ヘルシーハンバーグ
豆腐バーグ

変身

材料（4～5人分）

木綿豆腐	1丁（300g）
鶏ひき肉	300g
ミックスベジタブル（冷凍）	100g
小麦粉	適量
A 卵	1個
みそ、片栗粉	各大さじ2
しょうがの絞り汁	1片分

作り方 ⏱ 15分

1. 木綿豆腐はひと口大に切り、ペーパータオルで包む。ラップをせずに電子レンジで3分加熱したら、ザルにあげてしっかり水けをきる。
2. 耐熱容器に、1、鶏ひき肉、Aを入れてよく混ぜ、耐熱容器に入れて平らにならす。小麦粉を薄くふって、ミックスベジタブルを押しつけるようにのせる。
3. ふんわりとラップをして5～6分加熱する。扉を開けずに粗熱がとれるまで蒸らしたら、格子状に切り分ける。

 リメイク
衣をつけて揚げてメンチカツ風に。レタス、マヨネーズとはさんでハンバーガーに。

冷蔵	冷凍
4日	2週間

みそ味

メインおかず

卵

◎こまめに加熱し、途中で混ぜると、熱が均一に通る
◎黄身は破裂するので、加熱前につま楊枝で穴をあける

定番

みつばがさわやかな卵焼き

みつばとしらすのだし巻き卵

冷蔵 3日 / 冷凍 2週間　**しょうゆ味**

材料（4〜5人分）
- 卵 ………………… 4個
- みつば ……………… 1/3束
- しらす ……………… 大さじ2
- A
  - だし汁 …………… 大さじ1
  - 砂糖、ごま油 …… 各小さじ1
  - しょうゆ ………… 小さじ1/2

作り方 🕐10分
1. みつばは2cm長さに切る。
2. ボウルに卵を溶きほぐして、Aを加える。しらすとみつばを加えてさっくり混ぜたら、耐熱容器に流し入れる。ふんわりとラップをして電子レンジで2分加熱したら、ヘラで大きく混ぜる。
3. ラップをしてさらに2分加熱したら、扉を開けずに粗熱がとれるまで蒸らし、格子状に切り分ける。

レンジのコツ
底が平たく、少し深めの耐熱容器を使うとよい。2度目の加熱で卵がやわらかいようなら、追加で1〜2分加熱をする。

ヘルシー

キャベツに卵をからめながらいただく

巣ごもり卵

冷蔵 3日 / 冷凍 ×　**塩味**

材料（4〜5人分）
- 卵 ………………… 5個
- キャベツ ………… 3枚(300g)
- ハム ………………… 3枚
- A
  - コンソメスープの素（顆粒） ………… 小さじ1
  - オリーブ油 ……… 大さじ1

作り方 🕐10分
1. キャベツとハムは細切りにしてAをからめる。
2. 耐熱容器に1を敷き、スプーンで5か所のくぼみを作る。
3. くぼみに卵を割り入れて、つま楊枝で黄身に1か所ずつ穴をあける。ふんわりとラップをして電子レンジで2〜3分加熱する。

レンジのコツ

つま楊枝などで黄身に穴をあけて破裂を防いで。

レンチンするだけ！ 温泉卵（1個）

冷蔵	冷凍
3日	×

ラップなしで
⏱ **40秒**

下準備
① マグカップに割り入れる
② 卵がひたひたになるまで水を入れる
③ つま楊枝で黄身に穴をあける

赤じその風味がふわっと香る
うずらとトマトの甘酢漬け

材料（4〜5人分）

うずらの卵（水煮）	12個
プチトマト	12個
A 水	100mℓ
酢	50mℓ
砂糖	大さじ2
赤じそふりかけ	小さじ2
塩	小さじ2/3

作り方 ⏱ **5分**（+漬け時間 1時間）

1 耐熱容器に **A** を入れて合わせ、ぴったりとラップをして<u>電子レンジで2〜3分加熱する</u>。取り出したらよく混ぜ、粗熱がとれるまでそのままおく。
2 1にうずらの卵、プチトマトを入れて冷蔵庫で1時間ほどなじませる。

冷蔵	冷凍
4日	×

甘酸っぱい

 **レンジのコツ**
酢がとばないようにぴったりとラップをしてレンチンする。

長持ち

マヨネーズで味つけラクちん
卵そぼろ

材料（4〜5人分）

卵	4個
A マヨネーズ	大さじ2
砂糖	小さじ1
塩	少々

作り方 ⏱ **5分**

1 耐熱容器に卵をほぐして **A** を加えて混ぜる。
2 ふんわりとラップをして、<u>電子レンジで2分加熱</u>したら、泡立て器でよく混ぜる。ラップをしてさらに<u>1〜2分加熱</u>し、細かくほぐす。

冷蔵	冷凍
3日	2週間

こっくり

 **リメイク**
ごはんに鶏そぼろといっしょにのせて2色丼に。マヨネーズと玉ねぎのみじん切りを加えてタルタルソース風に。

変身

電子レンジ1つで
ごはんもの・麺類レシピ

ボリュームがあって作りおきもできる！手間なくできる主食を紹介します。

ごはんの炊き方

- 米はしっかりと浸水させる
- レンチン後はラップをしたまま蒸らすとふっくらする

材料（2人分）
米 ……………………… 1合
水 ……………………… 1カップ

冷蔵 4日 ： 冷凍 1か月

作り方　⏱25分（＋浸水時間20～30分）

1. 米は手早く研いで、ザルにあげて水けをきる。耐熱容器に入れて、水を加えて20～30分浸水させる。
2. 1にふんわりとラップをして、電子レンジで12分加熱する。
3. 扉を開けずに10分蒸らす。

麺のゆで方

- スパゲッティなどの長さのある乾麺は、半分に折って加熱をする
- 水分を加えてレンチンしたら、麺をしっかりとほぐすように混ぜる

材料（2人分）
スパゲッティ（1.6mmゆで時間9分）
　…………………… 160g
A ┌ 水 ……………………… 600mℓ
　├ 塩 ……………………… 小さじ½
　└ サラダ油 ………………… 小さじ1

冷蔵 4日 ： 冷凍 ✕

作り方　⏱15分

1. スパゲッティは半分の長さに折り、耐熱容器に向きを変えてバラバラになるようにして入れ、Aを加える。
2. 1にふんわりとラップをして、電子レンジで12分加熱する。
3. 取り出したら、ザルにあげる。

まるで炒めたみたい
高菜チャーハン

| 冷蔵 3日 | 冷凍 3週間 | しょうゆ味 |

材料（2人分）
- ごはん……300g
- 長ねぎ……1/2本
- 卵……1個
- 高菜漬け……60g
- A [しょうゆ……大さじ1/2
- 鶏がらスープの素（顆粒）……小さじ1
- ごま油……大さじ1]

作り方 ⏱15分
1. 長ねぎ、高菜漬けは粗みじん切りにする。
2. 耐熱容器に卵を溶きほぐし、**A**を加えて混ぜる。ごはんと**1**の長ねぎを加えて混ぜ、耐熱容器にはりつけるようにして広げる。ふんわりとラップをして、電子レンジで3分加熱する。
3. 取り出して**1**の高菜漬けを加えて混ぜ、**2**と同様に広げる。ラップをせずにさらに4分加熱したら、取り出してよく混ぜる。

 バリエーション
高菜漬け60g → キムチ60g

牛乳とチーズの濃厚な味わい
ミルクリゾット

| 冷蔵 3日 | 冷凍 × | こっくり |

材料（2人分）
- ごはん……200g
- グリーンアスパラガス……2本
- ウインナーソーセージ……4本
- ホールコーン（缶詰）……大さじ3
- A [牛乳……1/2カップ
- コンソメスープの素（顆粒）……小さじ2
- バター……10g]
- ピザ用チーズ……20g

作り方 ⏱10分
1. グリーンアスパラガスは根元のかたい部分とはかまを除いて、2cm長さに切る。ウインナーソーセージは1cm幅の輪切りにする。
2. 耐熱容器にごはん、**1**、缶汁をきったホールコーン、**A**を入れてよく混ぜる。ふんわりとラップをして電子レンジで4分加熱する。
3. 取り出したらピザ用チーズを加えてよく混ぜる。

海鮮のうまみで炊きあげる
シーフードパエリア風

| 冷蔵 3日 | 冷凍 3週間 | 塩味 |

材料（2〜3人分）
- 米……1合
- 玉ねぎ……1/4個
- パプリカ（赤・黄）……各1/3個
- シーフードミックス（冷凍）……150g
- A [水……1カップ
- コンソメスープの素（顆粒）、オリーブ油……各大さじ1
- 塩、こしょう……少々]
- パセリ（みじん切り）……適量

作り方 ⏱25分
1. 米は手早く研いで、ザルにあげて水けをきる。
2. 玉ねぎはみじん切り、パプリカはヘタと種を取り除いて2cm角に切る。
3. 耐熱容器に**1**と**2**、**A**を入れてかるく混ぜ、シーフードミックスをのせる。ふんわりとラップをして、電子レンジで8分加熱する。
4. 取り出して混ぜ、ラップをしてさらに6分加熱する。扉を開けずに粗熱がとれるまで蒸らし、パセリをふる。

つぶつぶ明太子とバターのコク
明太バターうどん

| 冷蔵 3日 | 冷凍 × | こっくり |

材料（2人分）
- ゆでうどん……2玉
- 水……大さじ4
- 辛子明太子……1腹
- バター……20g
- しょうゆ……大さじ1
- 刻みのり……適量

作り方 ⏱10分
1. 耐熱容器にゆでうどんを入れて水を回しかける。ふんわりとラップをして、電子レンジで3分加熱したら、ザルにあげて水けをきる。
2. 辛子明太子は薄皮を除いて中身を取り出す。ボウルに入れてバター、しょうゆと混ぜ合わせる。
3. **2**に**1**を加えて混ぜ、刻みのりを散らす。

にんにくの風味がよく香る
ブロッコリーとじゃこのペペロンチーノ

冷蔵 3日 ／ 冷凍 × ／ ピリ辛

材料（2人分）
- スパゲッティ（1.6mmゆで時間9分）……160g
- ブロッコリー……½房
- ちりめんじゃこ……30g
- オリーブ油……大さじ2
- A
  - 水……600ml
  - オリーブ油……小さじ1
  - 塩……小さじ½
  - 赤唐辛子（小口切り）……1本分
  - にんにく（薄切り）……1片分

作り方 ⏱20分
1. スパゲッティは半分の長さに折る。ブロッコリーは小房に分ける。
2. 耐熱容器に**1**と**A**を入れる。ふんわりとラップをし、電子レンジで12分加熱したら、ザルにあげて水けをきる。
3. ちりめんじゃこ、オリーブ油を加えてよく混ぜ合わせる。

 バリエーション

ちりめんじゃこ30g ➡ ベーコン2枚

うまみたっぷりきのことバターしょうゆ
きのこの和風パスタ

冷蔵 3日 ／ 冷凍 × ／ しょうゆ味

材料（2人分）
- スパゲッティ（1.6mmゆで時間9分）……160g
- しめじ、まいたけ……各½パック
- しいたけ……2個
- A
  - 水……600ml
  - 塩……小さじ½
  - サラダ油……小さじ1
- B
  - バター……15g
  - しょうゆ……大さじ1
  - 塩……少々
- 小ねぎ（小口切り）……適量

作り方 ⏱20分
1. スパゲッティは半分の長さに折る。きのこは石づきを落とす。しめじとまいたけはほぐし、しいたけは薄切りにする。
2. 耐熱容器に**1**、**A**を入れる。ふんわりとラップをして電子レンジで12分加熱したら、ザルにあげて水けをきる。
3. **2**に**B**を加えて混ぜ合わせ、小ねぎを散らす。

トマトの味わいがじっくりしみ込む
ズッキーニとベーコンのトマトペンネ

冷蔵 4日 ／ 冷凍 × ／ こっくり

材料（2人分）
- ペンネ（ゆで時間11分）……160g
- ズッキーニ……½本
- 厚切りベーコン……100g
- カットトマト（缶詰）……1缶
- 水……100ml
- コンソメスープの素（顆粒）……小さじ1
- 塩、こしょう……各少々

作り方 ⏱30分
1. ズッキーニは1cm幅の半月切りに、厚切りベーコンは1cm幅に切る。
2. 耐熱容器にすべての材料を混ぜ合わせ、ふんわりとラップをして電子レンジで10分加熱する。
3. 取り出してひと混ぜする。ラップをしてさらに8分加熱したら、扉を開けずに5分蒸らす。

食欲をそそる香り
ソース焼きそば

冷蔵 3日 ／ 冷凍 3週間 ／ こっくり

材料（2人分）
- 中華蒸し麺……2玉
- 豚こま切れ肉……100g
- キャベツ……4枚
- にんじん……¼本
- A
  - 中濃ソース……大さじ3
  - ウスターソース……大さじ2
- 紅しょうが……適量

作り方 ⏱15分
1. 豚こま切れ肉はひと口大に、キャベツはざく切りに、にんじんは皮をむいて短冊切りにする。
2. 耐熱容器にほぐした中華蒸し麺、キャベツ、にんじんの順に入れる。豚肉を広げてのせ、**A**を回し入れる。ふんわりとラップをして、電子レンジで4分加熱する。
3. 取り出して麺をほぐしながら全体をよく混ぜる。ラップをしてさらに3〜4分加熱したら、さっと混ぜて紅しょうがを添える。

サブおかず
野菜・きのこ・豆・乾物

4タイプのサブおかずのレシピを紹介します。

サラダ・マリネ

ボリューム

スピード

食材ひとつ

サブおかず

にんじん

◎ 重ならないように並べ、熱を均一に通す
◎ 加熱時間は短めにし、余熱で中までやわらかくする

サラダ・マリネ

冷蔵 3日 ／ 冷凍 1か月　さっぱり

レモンの風味がさっぱりさわやか
にんじんマリネ

材料（4～5人分）

にんじん ……… 2本（400g）
A ┌ オリーブ油、レモン汁
　│　……………… 各大さじ2
　│ 砂糖、塩 …… 各小さじ1/3
　└ こしょう …………… 少々
パセリ（みじん切り）… 小さじ1/2

作り方 ⏱10分

1 にんじんは皮をむいて5mm厚さの半月切りにする。
2 1を耐熱容器に入れ、ふんわりとラップをして電子レンジで7分加熱する。
3 熱いうちにAとパセリを加えて混ぜ合わせる。

 バリエーション

にんじん2本（400g）
→ パプリカ（黄）1½個（450g）

スピード

冷蔵 4日 ／ 冷凍 1か月　甘辛

香ばしい黒ごまがあとをひく
にんじんのごまあえ

材料（4～5人分）

にんじん ……… 2本（400g）
塩 ……………………… 少々
A ┌ しょうゆ ……… 大さじ2
　│ 砂糖 …………… 大さじ1
　└ 黒すりごま …… 大さじ3

作り方 ⏱10分

1 にんじんは皮をむいて短冊切りにする。
2 耐熱容器に1、塩を入れて混ぜる。ふんわりとラップをして電子レンジで6分加熱したら、ザルにあげて水けをきる。
3 ボウルにAを合わせ、2を加えてあえる。

 バリエーション

黒すりごま大さじ3
→ くるみ適量

レンチンするだけ！ ゆでにんじん（1本 200g）

冷蔵	冷凍
4日	1か月

ふんわりラップをして
3分30秒
扉を開けずに余熱2分

下準備
① 輪切りにする
② 耐熱皿に重ならないように並べる

ボリューム

たらこのつぶつぶが口の中ではじける
にんじんのたらこあえ

材料（4〜5人分）
- にんじん ………… **2本（400g）**
- さやいんげん ……………… 5本
- たらこ ……………………… 1腹
- A
  - 酒 ……………… 大さじ1½
  - 薄口しょうゆ …… 大さじ1
  - サラダ油 ………… 小さじ1
  - 塩 ………………… 小さじ⅓

作り方 ⏱ 15分

1. にんじんは皮をむいて3cm長さの拍子木切りに、さやいんげんはすじを除いて3cm長さに切る。
2. たらこは薄皮を除いて中身を取り出し、**A**と混ぜ合わせる。
3. 耐熱容器に**1**、**2**を入れて混ぜる。ふんわりとラップをして、電子レンジで7分加熱する。取り出したら、粗熱がとれるまで蒸らす。

レンジのコツ
ふかしてつぶしたじゃがいもとマヨネーズとあえてポテトサラダに。

冷蔵	冷凍
3日	1か月

しょうゆ味

食材ひとつ

にんじんの甘みが引き立つ
にんじんグラッセ

材料（4〜5人分）
- にんじん ………… **2本（400g）**
- A
  - バター …………… 20g
  - 砂糖 ……………… 大さじ2
  - 塩 ………………… 小さじ½
  - こしょう ………… 少々
- パセリ（みじん切り） ……… 少々

作り方 ⏱ 15分

1. にんじんは皮をむいて1cm厚さの輪切りにする。
2. 耐熱容器に**1**を入れて**A**を加えて混ぜる。ふんわりとラップをして、電子レンジで6分加熱する。
3. 取り出してさっと混ぜ、ラップをしてさらに4分加熱したら、パセリをふる。

レンジのコツ
底が平たい耐熱容器に重ならないように並べると、加熱ムラが防げる。

冷蔵	冷凍
4日	1か月

こっくり

サブおかず（にんじん）

サラダ・マリネ

冷蔵 3日 ／ 冷凍 1か月　塩味

白ごまのアクセントが香ばしい
にんじんともやしのナムル

材料（4〜5人分）
にんじん ………… **2本（400g）**
豆もやし ………………… 100g
A ┃ 鶏がらスープの素（顆粒）
　┃ ………………… 小さじ1
　┃ ごま油、白すりごま‥各大さじ2
　┃ 塩 ……………… 小さじ1/3
　┃ おろしにんにく … 小さじ1/4

作り方　⏱15分
1. にんじんは皮をむいてせん切りにする。
2. 耐熱容器に1と豆もやしを入れ、ふんわりとラップをして電子レンジで7分加熱する。取り出して水けをきり、粗熱がとれるまでおく。
3. 2にAを加えてさっくりとあえる。

 バリエーション

豆もやし100g
→ 切り干し大根（乾燥）10g

スピード

冷蔵 3日 ／ 冷凍 1か月　しょうゆ味

ツナのオイルに和風だしがよく合う
ピーラーにんじんのツナあえ

材料（4〜5人分）
にんじん ………… **2本（400g）**
ツナ（オイル漬け缶詰）‥‥小1缶（70g）
A ┃ めんつゆ（3倍濃縮）…大さじ2
　┃ ごま油 ………… 小さじ2
　┃ 和風だしの素（顆粒）、
　┃ 粗びき黒こしょう…各少々

作り方　⏱10分
1. にんじんは皮をむいてピーラーで薄くひく。
2. 耐熱容器に1とツナを缶汁ごと入れ、Aを加えて混ぜ合わせる。
3. ふんわりとラップをして、電子レンジで5分加熱する。

 リメイク

パスタとあえて、ヘルシーカラフル冷製スパゲティーに。

ソースとごま油が食欲をそそる

にんじんとちくわのソース炒め

材料（4〜5人分）

にんじん ………… 2本（400g）
ちくわ ………………………… 4本
A ┌ 中濃ソース ……… 大さじ5
　├ ごま油 ………… 大さじ1¼
　└ 塩 …………… 小さじ¼
青のり ……………………… 適量

作り方 🕙 10分

1 にんじんは皮をむいて縦半分に切り、5mm幅の斜め切りにする。ちくわは斜め切りにする。
2 耐熱容器に1とAを入れて混ぜ、ふんわりとラップをして電子レンジで4分加熱する。
3 取り出してラップをはずす。さらに3分加熱したら、よく混ぜて青のりをふる。

ボリューム

冷蔵4日 ／ 冷凍1か月　こっくり

 リメイク

中華麺と豚こま切れ肉、キャベツと合わせて焼きそばに。

唐辛子が効いてる、甘辛おつまみ

にんじんのきんぴら

材料（4〜5人分）

にんじん ………… 2本（400g）
A ┌ しょうゆ、みりん … 各大さじ2
　├ 砂糖 …………… 大さじ½
　└ 赤唐辛子（小口切り）… 1本分
白いりごま …………… 小さじ2
ごま油 ………………… 小さじ2

作り方 🕙 10分

1 にんじんは皮をむいて細切りにする。
2 耐熱容器に1を入れ、Aを加えて混ぜる。ふんわりとラップをして、電子レンジで6分加熱する。
3 白いりごま、ごま油を加えて混ぜ合わせる。

食材ひとつ

冷蔵4日 ／ 冷凍1か月　甘辛

バリエーション

しょうゆ大さじ2
→ 塩大さじ1

サブおかず

キャベツ

◎ 水分を加えてパサつきを防ぐ
◎ 加熱時間は短めにし、様子を見て加減する

サラダ・マリネ

冷蔵 4日 / 冷凍 × 　甘酸っぱい

色鮮やかなさっぱりおかず
キャベツの彩りレモンあえ

材料（4〜5人分）

キャベツ	6枚（300g）
かに風味かまぼこ	6本
レモン	1/4個
A 赤唐辛子（小口切り）	1/2本分
酢	大さじ2
水	大さじ1½
砂糖	大さじ1
塩	小さじ2/3
こしょう	少々

作り方 ⏱10分

1 キャベツはざく切りにする。かに風味かまぼこは半分の長さに切り、手で裂く。レモンは3〜4mm厚さのいちょう切りする。
2 耐熱容器に1、Aを入れて混ぜる。ふんわりとラップをして、電子レンジで2分加熱する。取り出したら、粗熱がとれるまで蒸らす。

🍆 バリエーション

かに風味かまぼこ6本
→ ロースハム3枚

スピード

冷蔵 3日 / 冷凍 1か月　みそ味

みそマヨのこってりがおいしい
キャベツと鮭フレークのみそあえ

材料（4〜5人分）

キャベツ	1/2個（400g）
鮭フレーク	大さじ4
A みそ	大さじ1½
マヨネーズ	大さじ2
砂糖	小さじ1

作り方 ⏱10分

1 キャベツはざく切りにして耐熱容器に入れる。ふんわりとラップをして、電子レンジで4分加熱したら、洗って水けを絞る。
2 ボウルにAを混ぜ合わせ、1と鮭フレークを加えてよく混ぜる。

 レンジのコツ

キャベツは水をよくきってから味つけをすると味がしっかりとしみ込む。

レンチンするだけ！ 蒸しキャベツ （3枚 150g）

冷蔵 4日 ｜ 冷凍 1か月

ふんわりラップをして
⏱ 2分30秒

下準備
① 食べやすくちぎる
② 芯部分が下になるように耐熱皿に広げ重ね、水少々を入れる

ボリューム

高野豆腐で食べごたえアップ
キャベツのうま煮

材料（4～5人分）

- キャベツ ………… **6枚（300g）**
- 高野豆腐（乾燥）………… 20g
- さやえんどう ………… 4枚
- A ┃ だし汁 ………… 200mℓ
  ┃ 薄口しょうゆ、酒、みりん
  ┃ ………… 各小さじ2

作り方 ⏱ 10分

1. 高野豆腐は水でもどして8つに切り、水けを絞る。
2. キャベツは食べやすい大きさに切る。さやえんどうはヘタとすじを除き、斜め半分に切る。
3. 耐熱容器に2を入れてその上に1をのせ、Aを加える。ふんわりとラップをして、電子レンジで4分加熱する。
4. 取り出して混ぜたら、ラップをかけなおし、粗熱がとれるまで蒸らす。

冷蔵 4日 ｜ 冷凍 1か月　しょうゆ味

 バリエーション

高野豆腐20g
→ 厚揚げ200g

食材ひとつ

赤じそをアクセントにあっさりと
キャベツの赤じそしょうゆあえ

材料（4～5人分）

- キャベツ ………… **½個（400g）**
- 塩 ………… 小さじ⅓
- A ┃ 赤じそふりかけ、ごま油
  ┃ ………… 各小さじ2
  ┃ しょうゆ ………… 小さじ1

作り方 ⏱ 10分

1. キャベツはざく切りにする。耐熱容器に入れて、塩を加えて混ぜる。
2. ふんわりとラップをして、電子レンジで4分加熱したら、洗って水けを絞る。
3. Aを加えて混ぜ合わせる。

リメイク

酢と砂糖各小さじ2を足してあえて、酢のもの風に。

冷蔵 3日 ｜ 冷凍 1か月　さっぱり

サブおかず（キャベツ）

サラダ・マリネ

冷蔵 4日 ／ 冷凍 1か月　スパイシー

粒マスタードで味がしまる
キャベツのマスタードマリネ

材料（4～5人分）
- キャベツ …… ½個（400g）
- 玉ねぎ …………………… ½個
- A
  - オリーブ油 ……… 大さじ6
  - 酢 ………………… 大さじ3
  - 粒マスタード …… 小さじ2
  - 砂糖 ……………… 小さじ¼
  - 塩、こしょう ……… 各少々

作り方 🕙 10分（+漬け時間30分）
1. キャベツはざく切りにして、耐熱容器に入れる。ふんわりとラップをして電子レンジで3～4分加熱したら、ザルにあげて水けをきる。
2. 玉ねぎはすりおろして耐熱容器に入れ、ラップをせずに1分加熱する。
3. 粗熱がとれたら、Aを入れて混ぜ合わせる。1を加えて混ぜたら、冷蔵庫で30分ほど漬ける。

 バリエーション

酢大さじ3
→ 白ワインビネガー大さじ3

スピード

冷蔵 3日 ／ 冷凍 1か月　塩味

生ハムの塩けがしみ込んで美味
キャベツと生ハムのレンジ蒸し

材料（4～5人分）
- キャベツ …… 6枚（300g）
- 生ハム ………………… 小8枚
- A
  - コンソメスープの素（顆粒）、
  - 白ワイン ……… 各大さじ½
  - 粗びき黒こしょう … 小さじ⅓

作り方 🕙 10分
1. キャベツはざく切りにする。生ハムは半分に切る。
2. 耐熱容器に1を入れ、Aを加えて混ぜる。ふんわりとラップをして電子レンジで6分加熱したら、さっくりと混ぜ合わせる。

 バリエーション

生ハム小8枚
→ ウインナー4本

手づくりごまだれが味の決め手
キャベツと豚バラのごまだれがけ

材料（4〜5人分）
キャベツ ………… **6枚（300g）**
豚バラ薄切り肉 …………200g
塩 ………………… 小さじ1/3
酒 ………………… 大さじ1と1/2
A ┌ めんつゆ（3倍濃縮）、
　│ マヨネーズ …… 各大さじ1
　│ 白すりごま ……… 小さじ2
　└ 砂糖 ……………… 小さじ1/2

作り方 ⏱15分
1 キャベツはざく切りにする。豚バラ薄切り肉は5㎝幅に切る。
2 耐熱容器にキャベツと豚肉を交互に重ねて、塩、酒をふりかける。ふんわりとラップをして、電子レンジで8分加熱する。
3 混ぜ合わせたAを2にかける。

冷蔵3日 冷凍1か月　こっくり

レンジのコツ
底が広く平たい耐熱容器を使うと、食材を重ねても熱が均一に通りやすくなる。

漬けもの感覚でパクパクいけちゃう
キャベツの甘酢炒め

材料（4〜5人分）
キャベツ ………… **1/2個（400g）**
しょうが …………………… 1片
A ┌ 酢 ………………… 90㎖
　│ ごま油 ………… 大さじ1と1/2
　│ 砂糖 …………… 大さじ3
　│ 塩 ……………… 小さじ1
　└ 赤唐辛子（小口切り）‥2本分

作り方 ⏱10分
1 キャベツは1㎝幅の細切りに、しょうがはせん切りにする。
2 耐熱容器に1とAを入れて混ぜ合わせる。ふんわりとラップをして電子レンジで6分加熱したら、よく混ぜる。

冷蔵3日 冷凍1か月　甘酸っぱい

バリエーション
赤唐辛子2本分
→ 一味唐辛子小さじ1

サブおかず

玉ねぎ

◎ 重ならないように並べると、熱が均一に通る
◎ 調味料を加えて加熱すると、味がしみ込みやすくなる

サラダ・マリネ

冷蔵 3日 ／ 冷凍 ×　ピリ辛

ゆずこしょうが効いた和風バンバンジー

玉ねぎとささみのピリ辛サラダ

材料（4〜5人分）

玉ねぎ	3個（600g）
きゅうり	1本
鶏ささみ	3本
塩	少々
酒	大さじ2
A めんつゆ（3倍濃縮）	大さじ4
ゆずこしょう	小さじ1
塩	小さじ½

作り方　⏱10分

1. 玉ねぎは薄切りにし、水にさらして水けをきる。きゅうりはせん切りにする。
2. 鶏ささみはすじを除いて耐熱容器にのせ、塩、酒をふりかける。ふんわりとラップをして、<u>電子レンジで2分加熱する</u>。粗熱がとれたら、細かく手で裂く。
3. ボウルにAを入れて混ぜ合わせ、1、2を加えてあえる。

🍜 **リメイク**

うどんや冷やし中華、冷製パスタの具材に。

スピード

冷蔵 3日 ／ 冷凍 2週間　こっくり

コンビーフの味わいが玉ねぎにしみ込む

玉ねぎのコンビーフ炒め

材料（4〜5人分）

玉ねぎ	2個（400g）
コンビーフ（缶詰）	100g
A サラダ油、酒	各大さじ1
ホールコーン（缶詰）	大さじ4
しょうゆ	小さじ1
塩、こしょう	各少々

作り方　⏱10分

1. 玉ねぎは1cm幅に切り、コンビーフはほぐす。
2. 耐熱容器に1の玉ねぎとAを混ぜ合わせ、その上にコンビーフを散らす。ラップをせずに<u>電子レンジで5分加熱</u>したら、よく混ぜる。

🍲 **調理法チェンジ**

フライパンにサラダ油を熱して、玉ねぎを中火で3〜4分炒め、味つけをしてからコンビーフとホールコーンを加えて強火でさっと炒める。

レンチンするだけ！ 蒸し玉ねぎ（1個 200g）

冷蔵	冷凍
4日	1か月

ふんわりラップをして
 4分

下準備
① くし形に切る
② 耐熱皿に重ならないように並べる

肉を使わない新感覚の点心
玉ねぎのシューマイ

材料（4〜5人分）
- 玉ねぎ ……… 3個（600g）
- 桜えび ……………… 50g
- A
  - 片栗粉 …………… 100g
  - 水 ……………… 大さじ1
  - 塩 ……………… 小さじ½
  - こしょう …………… 少々
- シューマイの皮 ……… 50枚

作り方 30分

1. 玉ねぎはみじん切りにし、桜えびはざく切りにする。ボウルにAとともに入れ、混ぜ合わせる。
2. シューマイの皮に1を等分にのせ、ぎゅっと握るようにして包む。
3. 耐熱容器にオーブンシートを敷いて2をのせ、水でぬらしたペーパータオルをのせる。ふんわりとラップをして、電子レンジで5分加熱する。

ボリューム

冷蔵	冷凍
4日	1か月

塩味

 バリエーション
- 桜えび50g
  → ザーサイ50g

大人な味つけでおつまみにも◎
玉ねぎの赤ワインピクルス

材料（4〜5人分）
- 玉ねぎ ……… 2個（400g）
- A
  - 赤ワイン ………… 120㎖
  - 酢 ………………… 80㎖
  - 黒粒こしょう …… 大さじ½
- はちみつ …………… 40g

作り方 10分（＋漬け時間 30分）

1. 玉ねぎは8等分のくし形切りにする。
2. 耐熱容器にAを入れてはちみつを混ぜ溶かし、1を入れる。ぴったりとラップをして、電子レンジで8分30秒加熱する。
3. 粗熱がとれたら、冷蔵庫で30分ほど漬ける。

食材ひとつ

冷蔵	冷凍
4日	1か月

甘酸っぱい

 レンジのコツ
加熱することで酢がとびやすいので、ぴったりとラップをかける。

105

サブおかず

ブロッコリー

◎ 水分を加えてパサつきを防ぐ
◎ 重ならないように並べると、熱が均一に通る

サラダ・マリネ

冷蔵 3日 / 冷凍 1か月　甘辛

スイートチリの甘辛さが効いてる
ブロッコリースイートチリマヨ

材料（4～5人分）

ブロッコリー……… 2株（400g）
紫玉ねぎ……………………… ¼個
むきえび……………………… 8尾
A｜スイートチリソース… 大さじ3
　｜マヨネーズ………… 大さじ2

作り方 ⏱15分

1 ブロッコリーは小房に分け、茎は皮をむいて短冊に切る。紫玉ねぎは角切りにする。むきえびは背わたを除く。
2 耐熱容器に1を入れ、ふんわりとラップをして電子レンジで6分加熱する。
3 粗熱がとれたらペーパータオルで軽く水けをふき、Aと混ぜ合わせる。

 バリエーション

ブロッコリー2株（400g）
→ グリーンアスパラガス10本（250g）

スピード

冷蔵 4日 / 冷凍 1か月　しょうゆ味

子どもに人気なバターしょうゆ味
ブロッコリーのバターしょうゆ

材料（4～5人分）

ブロッコリー……… 2株（400g）
ホールコーン（缶詰）…大さじ4
A｜バター………………………20g
　｜しょうゆ………… 大さじ1

作り方 ⏱10分

1 ブロッコリーは小房に分ける。
2 耐熱容器に1とホールコーンを入れ、Aを加える。ふんわりとラップをして電子レンジで6分加熱したら、よく混ぜ合わせる。

📺 レンジのコツ

底の平たい耐熱容器に広げ入れて加熱すると、味が均等になじむ。

106

レンチンするだけ！ ゆでブロッコリー（½株100g）

冷蔵 4日 / 冷凍 1か月

ふんわりラップをして
⏱ 2分

下準備
① 小房にする
② 耐熱皿に重ならないように並べる
③ 水少々を入れる

ピーナッツバターでこっくりまろやか
ブロッコリーの変わり白あえ

材料（4〜5人分）

ブロッコリー……… 2株（400g）
木綿豆腐……………………… 1丁
A ┌ ピーナッツバター… 大さじ4
　├ しょうゆ………………… 大さじ2
　└ みそ、砂糖……… 各大さじ1

作り方 ⏱ 15分

1. ブロッコリーは小房に分けて耐熱容器に入れる。ふんわりとラップをして、電子レンジで3分加熱したら、ザルにあげて粗熱をとる。
2. 木綿豆腐はペーパータオルに包む。耐熱容器にのせて、ラップをせずに2分加熱する。
3. すり鉢に2を入れてなめらかになるまですりつぶす。Aを加えて混ぜ、1を加えてさっくりとあえる。

バリエーション
ピーナッツバター大さじ4
→ 黒練りごま大さじ4

ボリューム
冷蔵 3日 / 冷凍 × 　こっくり

塩昆布のうまみがよくからむ
ブロッコリーの塩昆布あえ

材料（4〜5人分）

ブロッコリー……… 2株（400g）
塩昆布（市販）………………… 10g
白いりごま、酢……… 各小さじ2
ごま油………………… 小さじ½

作り方 ⏱ 10分

1. ブロッコリーは小房に分けて縦半分に切り、耐熱容器に入れる。ふんわりとラップをして、電子レンジで3分加熱する。
2. ボウルにすべての材料を入れて、しっかりと混ぜ合わせる。

バリエーション
塩昆布10g
→ 塩こうじ10g

食材ひとつ
冷蔵 4日 / 冷凍 1か月 　塩味

サブおかず

トマト・プチトマト

◎ 大きめに切ると、加熱しても形が崩れにくい
◎ そのまま加熱するときは、切り目や穴をあけて破裂を防ぐ

サラダ・マリネ

冷蔵 3日 ／ 冷凍 1か月　さっぱり

ポン酢と青じそで後味さわやか

トマトとひじきのしそポン酢

材料（4～5人分）

- トマト ………… 2個（300g）
- 芽ひじき（乾燥）……… 大さじ½
- ポン酢しょうゆ ……… 大さじ3
- ごま油 ………… 小さじ⅔
- 青じそ ………… 2枚

作り方 🕐 15分

1. トマトはヘタを除いてくし形切りにする。芽ひじきはお湯に5分つけてもどす。
2. 耐熱容器にトマト、水けをきったひじき、ポン酢しょうゆを入れる。ふんわりとラップをして、<u>電子レンジで3分～3分30秒加熱</u>する。
3. 2にごま油を加えて混ぜる。粗熱がとれたら、青じそをちぎって加えてあえる。

 バリエーション

ごま油小さじ⅔
→ オリーブ油小さじ⅔

スピード

冷蔵 4日 ／ 冷凍 ×　しょうゆ味

だしの風味がしみわたる

トマトとさやえんどうのおひたし

材料（4～5人分）

- プチトマト ……… 18個（270g）
- さやえんどう ……… 12枚
- A ┌ だし汁 ……… 200㎖
　　├ しょうゆ、みりん … 各小さじ2
　　└ 塩 ……… 小さじ½
- かつお節 ……… 適量

作り方 🕐 5分

1. 耐熱容器にAを混ぜ合わせる。ふんわりとラップをして<u>電子レンジで2分加熱</u>したら、粗熱をとる。
2. プチトマトはヘタを除いて、縦に4～5か所ほど浅く切り込みを入れる。さやえんどうはすじを除き、水に通してふんわりとラップに包み、<u>電子レンジで30秒ほど加熱</u>する。
3. 1、2を混ぜ合わせて、かつお節をかける。

バリエーション

さやえんどう12枚
→ ブロッコリー½株

レンチンするだけ！ 皮なしトマト（1個 150g）

冷蔵	冷凍
2日	×

ラップなしで切れ目を入れて

⏱ **1分30秒**

氷水に入れて粗熱をとる

下準備
① ヘタの反対側に、十字に切れ目を入れる

みそとオリーブ油のコクが香りたつ
トマトと鮭の重ね蒸し

材料（4〜5人分）
- トマト……… 2個（300g）
- 生鮭……………… 2切れ
- 玉ねぎ……………… ½個
- 塩、こしょう……… 各適量
- A┌ みそ、オリーブ油、砂糖、酢
  │ ………… 各大さじ1
  └ しょうゆ……… 小さじ1

作り方 ⏱ 15分

1. 生鮭は4等分に切り、耐熱容器に入れて塩、こしょうをふる。
2. 玉ねぎは薄切りに、トマトはヘタを除いてくし形切りにする。
3. 1に2を広げてのせ、混ぜ合わせたAをかける。ふんわりとラップをして、電子レンジで5分30秒加熱する。

レンジのコツ
底の平たい耐熱容器に広げ、上の方にのせると、トマトがつぶれない。

ボリューム

冷蔵	冷凍
3日	1か月

みそ味

ワインと相性◎の塩けが効いたおつまみ
トマトとアンチョビーのレンジ蒸し

材料（4〜5人分）
- プチトマト（赤・黄）
  ………… 各1パック（400g）
- A┌ にんにく（薄切り）…… 1片分
  │ アンチョビー（みじん切り）
  │ ……………… 2枚分
  │ オリーブ油 ……… 大さじ2
  └ 塩 ………… 小さじ½

作り方 ⏱ 5分

1. プチトマトはヘタを除いて、竹串で数か所穴をあける。
2. 耐熱容器に1とAを入れて混ぜる。ふんわりとラップをして電子レンジで2〜3分加熱したら、全体を混ぜ合わせる。

レンジのコツ

プチトマトを丸ごとレンチンすると破裂するので、竹串などで数か所穴をあけておく。

食材ひとつ

冷蔵	冷凍
3日	1か月

塩味

サブおかず（トマト・プチトマト）

サラダ・マリネ

冷蔵 4日 ｜ 冷凍 1か月　こっくり

イタリアンな味わいが口に広がる
トマトとベーコンのイタリアンサラダ

材料（4～5人分）

トマト……………… 2個（300g）
ベーコン…………………… 2枚
A ┌ コンソメスープの素（顆粒）
　│ ……………………… 小さじ1
　└ オリーブ油 …… 大さじ1½
B ┌ パセリ（みじん切り）…… 小さじ1
　└ 粉チーズ ………… 大さじ1

作り方 ⏱5分

1. トマトは輪切りにし、ベーコンは1cm幅に切る。
2. 耐熱容器に**1**のトマトを並べ、ベーコンを散らす。混ぜ合わせた**A**を回し入れる。
3. ふんわりとラップをして電子レンジで2分加熱したら、**B**をかけてあえる。

レンジのコツ
底が平たい耐熱容器に広げ、トマトの形が崩れないように短めに加熱をする。

スピード

冷蔵 4日 ｜ 冷凍 1か月　ピリ辛

辛みがピリッと中までなじむ
中華風トマトあえ

材料（4～5人分）

プチトマト…… **2パック（400g）**
A ┌ しょうゆ、はちみつ
　│ …………… 各大さじ1½
　│ ごま油 ………… 小さじ2
　│ 豆板醤 ………… 小さじ1
　└ おろしにんにく ‥ 小さじ¼

作り方 ⏱5分

1. プチトマトはヘタを除いて、竹串で数か所穴をあける。
2. 耐熱容器に**1**と**A**を入れて混ぜる。ふんわりとラップをして電子レンジで2～3分加熱したら、さっと混ぜる。

 リメイク
きゅうりのせん切り、ハムの細切りと混ぜ合わせて中華風サラダに。

黒オリーブで味が引き締まる
白身魚のトマト蒸し

材料（4～5人分）
プチトマト ……… **20個（300g）**
真鯛（切り身） ……………2切れ
黒オリーブ（種抜き） ………8個
A｜白ワイン、水……各大さじ2
　｜オリーブ油 ………大さじ1
　｜塩 ……………………小さじ2/3
　｜こしょう ………………少々

作り方 🕒15分
1. プチトマトはヘタを除く。真鯛は半分に切る。
2. 耐熱容器に1、黒オリーブを入れて、Aを回し入れる。ふんわりとラップをして、電子レンジで6～7分加熱する。
3. 熱いうちに蒸し汁が全体にからむように混ぜ合わせる。

ボリューム

冷蔵 3日 ／ 冷凍 1か月　さっぱり

🍲 調理法チェンジ
フライパンにオリーブ油を熱し、真鯛、白ワイン、水、塩、こしょうを入れて、10分ほど蒸し焼きにする。プチトマトと黒オリーブを加えて汁を全体にかけながらさっと火を通す。

ごまの風味とトマトの酸味が絶妙
トマトの黒ごまがらめ

材料（4～5人分）
プチトマト …… **2パック（400g）**
A｜黒すりごま ………大さじ2
　｜しょうゆ …………大さじ1
　｜砂糖 ………………大さじ1 1/2

作り方 🕒10分
1. プチトマトはヘタを除いて横半分に切る。
2. 耐熱容器に1をのせて、ふんわりとラップをして電子レンジで2分加熱する。
3. 粗熱がとれたら、軽く水けをきってAとあえる。

食材ひとつ

冷蔵 4日 ／ 冷凍 1か月　甘辛

 リメイク
少量のごま油とあえて、冷やし中華のトッピングに。

サブおかず

グリーンアスパラガス

◎ 短めに加熱し、余熱で蒸らすと中までやわらかくなる
◎ 水分を加えてパサつきを防ぐ

サラダ・マリネ

冷蔵3日 / 冷凍1か月　スパイシー

マスタードマヨがじんわりしみてる
アスパラじゃがの粒マスタード

材料（4〜5人分）

グリーンアスパラガス …………… 10本（250g）
じゃがいも ……… 2個（500g）
A ┌ 粒マスタード、マヨネーズ
　│ ………………… 各大さじ2
　│ 粉チーズ ………… 大さじ1
　└ 塩 ………………………… 少々

作り方 ⏱15分

1. グリーンアスパラガスは根元のかたい部分とはかまを除いて、3cm長さに切り、耐熱容器に入れる。ふんわりとラップをして電子レンジで2分加熱したら、ザルにあげて水けをきる。
2. じゃがいもは皮をむいて6等分に切り、耐熱容器に入れる。ふんわりとラップをして、5分加熱する。
3. ボウルにAを混ぜ合わせ、1と2を加えてあえる。

リメイク
豚バラ肉や生鮭と炒めてスタミナおかずに。

スピード

冷蔵3日 / 冷凍1か月　こっくり

ほのかにピーナッツが香るこっくりあえもの
アスパラのピーナッツバター

材料（4〜5人分）

グリーンアスパラガス …………… 12本（300g）
A ┌ ピーナッツバター（チャンクタイプ）
　│ ………………………… 大さじ3
　└ しょうゆ ………… 小さじ1⅓

作り方 ⏱10分

1. グリーンアスパラガスは根元のかたい部分とはかまを除いて、斜め切りにする。
2. 耐熱容器に1を入れ、ふんわりとラップをして電子レンジで2分加熱する。ザルにあげて水けをきる。
3. ボウルにAを混ぜ合わせ、2を加えてあえる。

バリエーション
ピーナッツバター大さじ3
→ マヨネーズ大さじ3

レンチンするだけ！ ゆでアスパラ（4本100g）

冷蔵 3日 ｜ 冷凍 1か月

ふんわりラップをして **2分**

下準備
① 4cm長さの斜め切りにする
② 耐熱皿に重ならないように並べる
③ 水少々を入れる

ボリューム

甘辛いこってりたれをからめて
アスパラの牛巻き

材料（4～5人分）
グリーンアスパラガス ………… **6本（150g）**
牛薄切り肉 ………… 240g
片栗粉 ………… 適量
A ┌ しょうゆ ………… 大さじ2
　└ みりん、砂糖 …… 各大さじ1

 レンジのコツ
ラップをせずにレンチンすることで、水分が適度に蒸発し、たれがからまりやすくなる。

作り方 ⏱ **15分**
1. グリーンアスパラガスは根元のかたい部分とはかまを除いて、半分の長さにする。
2. 牛薄切り肉を広げて6つに分け、片栗粉を薄くまぶす。**1**を2本ずつ牛肉に巻きつけ、耐熱容器に巻き終わりを下にして並べる。
3. ラップをせずに電子レンジで6分30秒加熱する。取り出して**A**を回し入れ、ラップをせずにさらに1～2分加熱する。よくからめたら、斜め半分に切る。

冷蔵 3日 ｜ 冷凍 1か月　**甘辛**

食材ひとつ

ツンとくる辛子で大人な味わいに
アスパラの辛子ポン酢あえ

材料（4～5人分）
グリーンアスパラガス ………… **10本（250g）**
A ┌ 練り辛子、ごま油
　│ 　………… 各小さじ1
　└ ポン酢しょうゆ …… 大さじ2

作り方 ⏱ **10分**
1. グリーンアスパラガスは根元のかたい部分とはかまを除いて、斜め切りにする。
2. 耐熱容器に**1**を入れ、ふんわりとラップをして電子レンジで2～3分加熱する。
3. 粗熱がとれたら、混ぜ合わせた**A**を加えてさっくりとあえる。

 **バリエーション**
グリーンアスパラガス10本（250g）
→ ブロッコリー1½株（300g）

冷蔵 3日 ｜ 冷凍 1か月　**さっぱり**

113

サブおかず

なす

◎ 変色を防ぐために、加熱する直前に切る
◎ 加熱しすぎないことで、色よく仕上がる

サラダ・マリネ

冷蔵 4日 ／ 冷凍 1か月　さっぱり

とろっとした食感でおいしい
なすのフレンチマリネ

材料（4～5人分）
- なす　　　　　　　3本（210g）
- 酢　　　　　　　　大さじ1½
- 塩、砂糖　　　　　各小さじ¼
- マスタード　　　　小さじ1
- オリーブ油　　　　大さじ3

作り方 ⏱10分（＋漬け時間30分）

1. なすはヘタを落として1本ずつラップに包む。耐熱容器に並べて電子レンジで5分加熱し、粗熱がとれたら、食べやすく手で裂く。
2. ボウルに酢、塩、砂糖、マスタードの順に入れて、よく混ぜ溶かす。オリーブ油を少しずつ加えながら泡立て器で混ぜ合わせ、とろりとした状態にする。
3. 1と2を合わせ、冷蔵庫で30分ほど漬ける。

 バリエーション

酢大さじ1½
→ 白ワインビネガー大さじ1½

スピード

冷蔵 3日 ／ 冷凍 1か月　ピリ辛

ほどよいピリ辛加減がやみつきになる
なすとハムの中華あえ

材料（4～5人分）
- なす　　　　　　　4本（280g）
- ロースハム　　　　4枚
- A
  - 酢　　　　　　　大さじ3
  - 砂糖　　　　　　大さじ1½
  - 豆板醤　　　　　小さじ½
  - ごま油　　　　　大さじ1

作り方 ⏱10分

1. なすはヘタを落として乱切りにする。ロースハムは短冊に切る。
2. 耐熱容器に1を入れる。ふんわりとラップをして電子レンジで5～6分加熱したら、水けをきる。
3. ボウルにAを合わせ、2を熱いうちに入れて混ぜ合わせる。

レンジのコツ
加熱してなすがしんなりしてから味つけをすると、味がよくしみ込む。

レンチンするだけ！ 蒸しなす（1本 70g）

冷蔵 3日 / 冷凍 1か月

ラップに包んで
 1分30秒
粗熱がとれたら手で裂く

下準備
① ヘタを落とす

白ワインビネガーで鶏肉をやわらかく
なすと鶏肉のビネガー煮

材料（4〜5人分）
- なす ……………… 3本（210g）
- 鶏もも肉 ……………… 1/2枚
- ブロッコリー ……………… 1/4株
- しょうが（薄切り）……… 1片分
- A
  - 白ワインビネガー … 100ml
  - 水 ……………… 50ml
  - しょうゆ、砂糖‥各大さじ3

作り方 ⏱20分

1. なすはヘタを落として乱切りにし、水にさらす。鶏もも肉はひと口大に切る。
2. ブロッコリーは小房に分けて耐熱容器に入れる。ふんわりとラップをして電子レンジで3分加熱したら、ザルにあげて水けをきる。
3. 耐熱容器に1とAを入れ、ふんわりとラップをして5分加熱する。取り出して混ぜ、ラップをせずにさらに3分加熱する。
4. 取り出して粗熱がとれるまで蒸らし、2を加える。

調理法チェンジ
鍋にAを煮立て、1を加えて落としぶたをして汁けをとばす。ゆでたブロッコリーを加えてさっと混ぜ合わせる。

冷蔵 3日 / 冷凍 1か月　**甘酸っぱい**

ボリューム

ゆずこしょうがほんのり効いてる
なすのゆずこしょう風味

材料（4〜5人分）
- なす ……………… 4本（280g）
- A
  - ゆずこしょう ……… 小さじ1
  - 砂糖、しょうゆ … 各小さじ1/2
  - 酢、サラダ油 …… 各小さじ2

作り方 ⏱10分

1. なすはヘタを落として縞模様に皮をむき、1.5cm幅の輪切りにする。
2. 耐熱容器に1を入れる。ふんわりとラップして電子レンジで6分30秒加熱したら、水けをきる。
3. ボウルにAを合わせ、2を熱いうちに入れて混ぜ合わせる。

リメイク
豚バラ肉と合わせて炒めものに。プチトマトを加えてあえものに。

冷蔵 4日 / 冷凍 1か月　**しょうゆ味**

食材ひとつ

サブおかず

かぼちゃ

◎ 食べやすい大きさに切って加熱すると、加熱ムラが防げる
◎ パサつきやすいので、水分を加える

サラダ・マリネ

冷蔵 4日 ／ 冷凍 ×　こっくり

クリーミーで濃厚なデリ風サラダ
かぼちゃとチーズのサラダ

材料（4〜5人分）

かぼちゃ	1/4個（300g）
クリームチーズ	60g
レーズン	大さじ2
A マヨネーズ	大さじ2
塩、こしょう	各適量
アーモンド（スライス）	適量

作り方　⏱10分

1 かぼちゃはわたと種を除いて1.5cm厚さに切り、耐熱容器に入れる。ふんわりとラップをして電子レンジで4〜5分加熱したら、フォークでつぶす。
2 クリームチーズは1cm角に切る。
3 1にAを加えて混ぜ合わせる。2、レーズンを加えてさらに混ぜ、アーモンドを散らす。

 リメイク

バゲットにのせてオーブントースターで軽く焼く。

スピード

冷蔵 4日 ／ 冷凍 1か月　しょうゆ味

ほくほくしっとりでみんな大好き
かぼちゃの煮もの

材料（4〜5人分）

かぼちゃ	1/4個（300g）
A 水	90ml
しょうゆ	大さじ1 1/2
砂糖、みりん	各大さじ1
和風だしの素（顆粒）	小さじ1/3

作り方　⏱10分

1 かぼちゃはわたと種を除いて、2cm角に切る。
2 耐熱容器に1とAを入れて混ぜ、ふんわりとラップをして電子レンジで8分加熱する。取り出したら、粗熱がとれるまで蒸らす。

 調理法チェンジ

鍋にAを入れて弱中火で煮立てる。かぼちゃを加えて、落としぶたをして10〜15分煮込む。

レンチンするだけ！ 蒸しかぼちゃ（¼個 300g）

冷蔵	冷凍
3日	1か月

ふんわりラップをして
⏱ 4分

下準備
① ひと口大に切る
② 水少々を入れる

コンビーフとバターの塩けが決め手
かぼちゃのコンビーフバター

材料（4〜5人分）
- かぼちゃ……………¼個（300g）
- コンビーフ（缶詰）……100g
- バター………………大さじ½
- 塩、こしょう…………各少々
- パセリ（みじん切り）……適量

作り方 ⏱ 10分
1. かぼちゃはわたと種を除いて皮をむき、ひと口大に切る。水に通して耐熱容器に入れ、ふんわりとラップをして電子レンジで3〜4分加熱する。
2. コンビーフを加え、ラップをしてさらに1分加熱する。
3. バター、塩、こしょうを加え、フォークでつぶしながら混ぜ合わせたら、パセリをふる。

 バリエーション
コンビーフ（缶詰）100g
→ ツナ（オイル漬け缶詰）100g

ボリューム

冷蔵	冷凍
4日	1か月

塩味

甘じょっぱさがクセになるおやつおかず
かぼちゃのくるみ茶巾

材料（4〜5人分）
- かぼちゃ……………⅓個（400g）
- 牛乳…………………小さじ2
- A
  - 砂糖………………35g
  - 薄口しょうゆ………大さじ1
  - バター……………20g
- くるみ………………4粒

作り方 ⏱ 15分
1. かぼちゃはわたと種を除いて皮をむき、ひと口大に切る。耐熱容器に入れて牛乳を加え、ふんわりとラップをして電子レンジで6分加熱する。
2. 熱いうちにAを加え、なめらかになるまでつぶし混ぜる。
3. 8等分にしたらラップで包んで茶巾に絞り、半分に割ったくるみをのせる。

レンジのコツ
牛乳を加えて加熱すると、パサつかずにしっとりなめらかになる。

食材ひとつ

冷蔵	冷凍
4日	1か月

甘辛

サブおかず

ピーマン

◎ ふんわりとラップをすると、ほどよく水分がとび、水っぽくならない
◎ 電子レンジ内の余熱を使って、パサつきを防ぐ

サラダ・マリネ

冷蔵 3日 ／ 冷凍 1か月　甘酸っぱい

ピーマンのほろ苦さが甘酢とマッチ

ピーマンと豆のマリネ

材料（4〜5人分）

ピーマン……… 6個（240g）
赤ピーマン……… 2個（80g）
ミックスビーンズ（缶詰）…… 110g
A ┌ オリーブ油、砂糖、水
　│ ……………… 各大さじ2
　│ 酢 ……………… 大さじ4
　│ 塩 ……………… 小さじ½
　│ にんにく（薄切り）…… 1片分
　└ こしょう ……………… 少々

作り方 ⏱ 10分（+漬け時間30分）

1 ピーマン、赤ピーマンはヘタと種を除いて1.5cm角に切る。
2 耐熱容器に1とミックスビーンズ、Aを入れて混ぜる。ふんわりとラップをして、電子レンジで5分加熱する。
3 粗熱がとれたら、冷蔵庫で30分ほど漬ける。

🍲 **レンジのコツ**
食材のかさがあるので、深さのある耐熱容器に入れる。よく混ぜながら加熱すると味がなじむ。

スピード

冷蔵 3日 ／ 冷凍 2週間　こっくり

ツナのうまみで無限に食べられる

ピーマンとツナのさっと煮

材料（4〜5人分）

ピーマン……… 8個（320g）
ツナ（オイル漬け缶詰）
　……………… 小2缶（140g）
A ┌ だし汁 ……………… 200ml
　│ しょうゆ …………… 大さじ2
　└ 砂糖 ……………… 大さじ3

作り方 ⏱ 5分

1 ピーマンはヘタと種を除いて、小さめの乱切りにする。
2 耐熱容器に1、缶汁をきったツナ、Aを混ぜ合わせる。ふんわりとラップをして、電子レンジで3分加熱する。取り出したら、粗熱がとれるまで蒸らす。

 調理法チェンジ
フライパンにピーマン、缶汁をきったツナ、Aを入れて中火にかけ、汁けをとばすようにして混ぜながら煮る。

レンチンするだけ！ くったり塩ピーマン（2個 80g）

冷蔵	冷凍
3日	1か月

ふんわりラップをして
⏱ **2分**

下準備
① 4つ切りにする
② 耐熱皿に重ならないよう並べる
③ 塩少々をふる

ボリューム

くったりしたピーマンとじゃこの食感がマッチ
ピーマンのじゃこ炒め

材料（4～5人分）
- ピーマン ……… 8個（320g）
- ちりめんじゃこ ……… 40g
- 小麦粉 ……… 大さじ½
- A ┌ ごま油、砂糖 … 各大さじ1
  └ しょうゆ ……… 大さじ1⅓

作り方 ⏱ 10分
1. ピーマンは縦4等分に切り、ヘタと種を除く。
2. 耐熱容器にちりめんじゃこ、小麦粉を入れて混ぜる。
3. 1とAを加えてよく混ぜ、ラップをせずに<u>電子レンジで5分加熱</u>する。

冷蔵	冷凍	
3日	1か月	甘辛

 **バリエーション**

ちりめんじゃこ40g
→ 白いりごま大さじ1

食材ひとつ

青のりの風味が口に広がる
ピーマンののりあえ

材料（4～5人分）
- ピーマン、赤ピーマン ……… 各4個（320g）
- A ┌ しょうゆ、みりん、ごま油 ……… 各大さじ1
  └ 和風だしの素（顆粒） ……… 小さじ¼
- 青のり ……… 大さじ½

作り方 ⏱ 10分
1. ピーマンと赤ピーマンはヘタと種を除いて乱切りにする。
2. 耐熱容器に1とAを入れて混ぜる。ふんわりとラップをして、<u>電子レンジで2分加熱</u>する。
3. ラップをはずしてさらに<u>2分加熱</u>したら、青のりを加えて混ぜる。

 レンジのコツ

加熱は2回に分ける。1回目で味をしみ込ませ、2回目で汁けをとばす。

冷蔵	冷凍	
4日	1か月	しょうゆ味

サブおかず

パプリカ

◎ ひと口大に切ると、熱が通りやすくなる
◎ 重ならないように並べると、味がしみ込みやすくなる

サラダ・マリネ

冷蔵 4日 / 冷凍 1か月　スパイシー

カレー風味で食がすすむ
パプリカのカレーマリネ

材料（4〜5人分）

パプリカ(赤・黄)‥‥各1個(300g)
A ┌ カレー粉 ……………… 小さじ1
　├ 酢、オリーブ油… 各大さじ2
　├ 砂糖 ………………… 小さじ2
　├ 塩 …………………… 小さじ1/3
　└ こしょう ……………… 少々

作り方 ⏱10分（+漬け時間30分）

1 パプリカはヘタと種を除いて乱切りにする。
2 耐熱容器に1とAを入れてよく混ぜる。ふんわりとラップをして電子レンジで4分加熱したら、よく混ぜ合わせる。
3 粗熱がとれたら、冷蔵庫で30分ほど漬ける。

 バリエーション

パプリカ(赤)1個(150g)
→ プチトマト10個(150g)

スピード

冷蔵 4日 / 冷凍 1か月　こっくり

クリームチーズとかつお節のダブルのコク
パプリカのチーズおかか

材料（4〜5人分）

パプリカ(赤) …… 2個(300g)
クリームチーズ ……………80g
A ┌ しょうゆ ………… 大さじ1
　└ かつお節 ………………6g

作り方 ⏱10分

1 パプリカはヘタと種を除いて2cm角に切る。クリームチーズは1cm角に切る。
2 耐熱容器に1のパプリカを入れ、ふんわりとラップをして電子レンジで4分加熱する。
3 Aを加えて混ぜ合わせる。粗熱がとれたら、1のクリームチーズを加えてさっくりとあえる。

 バリエーション

しょうゆ大さじ1
→ めんつゆ(3倍濃縮)小さじ2

レンチンするだけ！ パプリカの煮びたし（1個 150g）

冷蔵 3日 / 冷凍 1か月

ふんわりラップをして ⏱ 3分

下準備
① 乱切りにする
② 耐熱皿に重ならないように並べる
③ めんつゆ・水各大さじ1を入れる

ボリューム

薬味がさっぱりよく効いてる
パプリカと蒸し鶏の梅ねぎあえ

材料（4〜5人分）
- パプリカ（赤）……2個（300g）
- 鶏ささみ……2本
- 塩……少々
- 酒……大さじ1
- 梅干し……3個
- A
  - みりん……大さじ1
  - しょうゆ……小さじ1
  - 長ねぎ（みじん切り）……大さじ2

作り方 ⏱ 15分

1. パプリカはヘタと種を除いて細切りに、鶏ささみはすじを除く。
2. 耐熱容器に1のパプリカをのせ、鶏ささみを重ねて、塩、酒を回し入れる。ふんわりとラップをして、電子レンジで7分加熱する。取り出したら、粗熱がとれるまで蒸らす。
3. 鶏肉は手で裂き、パプリカはザルにあげて水けをきる。
4. 梅干しは種を除いてたたき、Aと混ぜ合わせて3とあえる。

レンジのコツ

余熱でじっくり蒸らすと、ささみはやわらかくなり、パプリカは食感が残る。

冷蔵 3日 / 冷凍 1か月　さっぱり

食材ひとつ

スタミナ風味の箸休め
パプリカのにんにくしょうゆ漬け

材料（4〜5人分）
- パプリカ（赤）……2個（300g）
- A
  - にんにく（薄切り）……2片分
  - だし汁……150㎖
  - しょうゆ、みりん……各大さじ3
  - 塩……少々

作り方 ⏱ 10分（＋漬け時間 30分）

1. パプリカはヘタと種を除いて乱切りにする。
2. 耐熱容器に1とAを入れて混ぜる。ふんわりとラップをして、電子レンジで6分加熱する。
3. 粗熱がとれたら、冷蔵庫で30分ほど漬ける。

リメイク

ひと口大に切った鶏もも肉と炒めて、和風ソテーに。

冷蔵 4日 / 冷凍 1か月　しょうゆ味

サブおかず

もやし

◎ 水けをよくきって加熱すると、シャキっとした食感が残る
◎ 加熱時間は短めにし、様子を見て加減する

サラダ・マリネ

冷蔵 3日 / 冷凍 1か月　さっぱり

粒マスタードがもやしによくからむ

もやしとベーコンのサラダ

材料（4～5人分）

- もやし ……………… 2袋（400g）
- ベーコン …………………………… 3枚
- A
  - 粒マスタード …… 大さじ1
  - 砂糖、酢 ……… 各小さじ2
  - 粗びき黒こしょう …… 適量

作り方 ⏱10分

1. 洗って水けをきったもやしを耐熱容器に入れる。ふんわりとラップをして電子レンジで5分加熱し、ザルにあげて水けをきる。
2. ベーコンは2cm幅に切り、ペーパータオルに包む。耐熱容器にのせて、ラップをせずに2分加熱する。
3. ボウルにAを混ぜ合わせ、1、2を入れてあえる。

　バリエーション

ベーコン3枚
→ 油揚げ1枚

スピード

冷蔵 3日 / 冷凍 1か月　しょうゆ味

めんつゆ×ごま油で味がしまる

もやしのめんつゆ炒め煮

材料（4～5人分）

- もやし ……………… 2袋（400g）
- A
  - ごま油 …………… 小さじ2
  - 水 ………………… 100mℓ
  - めんつゆ（3倍濃縮）… 大さじ3

作り方 ⏱10分

1. もやしは水に通して耐熱容器に入れる。ふんわりとラップをして電子レンジで3分加熱したら、ザルにあげて水けをきる。
2. 耐熱容器に1とAを加えて混ぜる。ふんわりとラップをして3分加熱したら、よく混ぜ合わせる。

　リメイク

豆腐にのせる。千切りにしたきゅうりやゆでたささみとあえる。

レンチンするだけ！ スチームもやし（½袋 100g）

冷蔵	冷凍
2日	×

ふんわりラップをして
 3分30秒

下準備
① よく洗って水けをきる
② 耐熱皿に入れて平らにならす

濃いめの味つけのスタミナおかず
もやしと牛肉のレンジ蒸し

材料（4〜5人分）
- もやし……………… 2袋（400g）
- グリーンアスパラガス……1本
- 牛こま切れ肉……………200g
- **A**
  - トマトケチャップ、
  - オイスターソース…各大さじ1
  - 鶏がらスープの素（顆粒）、
  - ごま油………… 各小さじ1
  - おろしにんにく … 小さじ⅓
- 片栗粉……………… 小さじ2

作り方 15分
1. もやしは洗って水けをきる。グリーンアスパラガスは、根元のかたい部分とはかまを除いて、斜め薄切りにする。
2. 耐熱容器に牛こま切れ肉と**A**を入れてもみ込む。片栗粉を加えて混ぜ、1のもやしを加えてさっくり混ぜ合わせる。
3. ふんわりとラップをして、電子レンジで4分加熱する。アスパラを加えて混ぜ、ラップをしてさらに4〜5分加熱する。

ボリューム

冷蔵	冷凍
3日	1か月

こっくり

ごま油がふわっと香る韓国の定番おつまみ
もやしのナムル

材料（4〜5人分）
- もやし……………… 2袋（400g）
- **A**
  - ごま油………… 大さじ1⅓
  - 塩……………… 小さじ⅓
  - 粗びき黒こしょう、ラー油、
  - おろしにんにく ……各少々
- 白いりごま………… 大さじ2

作り方 10分
1. もやしは水に通して耐熱容器に入れる。ふんわりとラップをして、電子レンジで2分加熱する。
2. 取り出して混ぜ、ラップをしてさらに2分加熱したら、ザルにあげて水けをきる。
3. ボウルに**A**を混ぜ合わせ、2を加えて混ぜる。最後に白いりごまをふる。

食材ひとつ

冷蔵	冷凍
3日	×

塩味

バリエーション
おろしにんにく少々
→ レモン汁少々

サブおかず

長ねぎ

◎ 調味液と混ぜ合わせてから加熱すると、味がしみ込みやすくなる
◎ 切り込みを入れて、芯まで熱を通す

サラダ・マリネ

冷蔵 4日 | 冷凍 1か月　**甘酸っぱい**

長ねぎの甘みがしょうがと合う
長ねぎのジンジャーマリネ

材料（4〜5人分）

長ねぎ ……………… 2本（200g）
しょうが …………………… 15g
A┌ ごま油、しょうゆ…各大さじ2
 │ 酢、鶏がらスープの素（顆粒）
 │ ………………… 各小さじ2
 └ 砂糖 ……………… 小さじ1

作り方 ⏱10分（+漬け時間 1時間）

1 長ねぎを3cm長さに切る。しょうがは繊維に沿って細切りにする。
2 耐熱容器に長ねぎを入れ、ふんわりとラップをして<u>電子レンジで3分加熱する</u>。
3 熱いうちに、混ぜ合わせたAとしょうがを入れて、1時間ほど漬ける。

 **バリエーション**

長ねぎ2本（200g）
→ なす3本（210g）

スピード

冷蔵 3日 | 冷凍 1か月　**さっぱり**

ツナと鶏がらのうまみでごはんがすすむ
無限長ねぎ

材料（4〜5人分）

長ねぎ ……………… 2本（200g）
A┌ ツナ（オイル漬け缶詰）
 │ ………………… 小1缶（70g）
 │ 白いりごま ……… 大さじ2
 │ ごま油 …………… 大さじ1
 │ 鶏がらスープの素（顆粒）
 │ ………………… 小さじ2
 └ おろしにんにく … 小さじ1

作り方 ⏱10分

1 長ねぎは斜め薄切りにする。
2 耐熱容器にAを入れて混ぜ合わせ、1を加えてあえる。ふんわりとラップをして、<u>電子レンジで1分30秒加熱する</u>。

 **バリエーション**

ツナ（オイル漬け缶詰）70g
→ ベーコン3枚

レンチンするだけ！ とろとろ長ねぎ（1本100g）

冷蔵 3日 ／ 冷凍 1か月

ふんわりラップをして ⏱ **2分**

下準備
① 4cm幅に切って細かく切り込みを入れる
② 耐熱皿に重ならないように並べる
③ 塩少々をふる

焼き肉のたれが中までじんわりしみる
長ねぎ肉巻き

材料（4〜5人分）
長ねぎ …………… 1本（100g）
豚バラ薄切り肉 ………… 200g
塩、粗びき黒こしょう … 各少々
A ┌ 焼肉のたれ ……… 大さじ4
　└ はちみつ ………… 大さじ1

作り方 ⏱ **15分**
1. 長ねぎは斜め薄切りにする。豚バラ薄切り肉は重ならないように並べ、塩、粗びき黒こしょうをふる。
2. 豚肉1枚に1の長ねぎを適量巻く。耐熱容器に並べ入れて、混ぜ合わせたAをかける。ふんわりとラップをして、電子レンジで4分加熱する。
3. 取り出して上下を返すように混ぜ、ラップをしてさらに3〜4分加熱する。

 **レンジのコツ**
底の平たい耐熱容器に重ねずに並べ、2回に分けて加熱してしっかり中まで熱を通す。

ボリューム

冷蔵 3日 ／ 冷凍 1か月　**こっくり**

長ねぎのシャキシャキ感が残る
長ねぎのうま塩ごまあえ

材料（4〜5人分）
長ねぎ …………… 2本（200g）
A ┌ ごま油 ………… 大さじ4
　│ 白いりごま ……… 大さじ2
　│ 鶏がらスープの素（顆粒）
　│　……………… 小さじ2
　└ おろしにんにく、塩
　　　…………… 各小さじ1/2

作り方 ⏱ **10分**
1. 長ねぎは斜め薄切りにする。
2. 耐熱容器にAを入れて混ぜ合わせ、1を加えてあえる。ふんわりとラップをして、電子レンジで2分加熱する。

 **リメイク**

焼いた鶏もも肉や白身魚にかける。

食材ひとつ

冷蔵 3日 ／ 冷凍 1か月　**塩味**

サブおかず

大根

◎ 切り方を小さくしたり、水分を多めに入れると、短時間で熱が通る
◎ 重ならないように並べ、熱を均一に通す

サラダ・マリネ

冷蔵 4日 ／ 冷凍 1か月　甘酸っぱい

ゆず風味のさっぱり箸休め
大根のゆず甘酢漬け

材料（4～5人分）

大根	½本（500g）
ゆず	1個
A 砂糖	100g
酢	100ml
塩	小さじ1

作り方 ⏱15分（＋漬け時間半日）

1 大根は皮をむいて5cm長さ、1cm幅の棒状に切る。ゆずは皮を薄くむき、細いせん切りにする。果汁はしぼる。
2 耐熱容器に A を入れ、ふんわりとラップをして電子レンジで1分加熱する。1のゆずの皮と果汁を加えて混ぜる。
3 1の大根を加えて、半日漬ける。重石をしておくとより味がなじみやすい。

 バリエーション

大根½本（500g）
→ 白菜⅓株（500g）

スピード

冷蔵 3日 ／ 冷凍 1か月　みそ味

淡白な大根に甘みそがじんわりからむ
大根の甘みそがらめ

材料（4～5人分）

大根	½本（500g）
大根の葉	適量
A みそ、みりん	各大さじ2
酒、砂糖	各大さじ1

作り方 ⏱10分

1 大根は皮をむいて7mm幅の半月切りにし、大根の葉はみじん切りにする。
2 耐熱容器に1を入れる。ふんわりとラップをして電子レンジで6～7分加熱したら、水けをきる。
3 別の耐熱容器に A を合わせ、ラップをせずに30秒加熱する。
4 2に3をかけて、よくからめる。

🍳 レンジのコツ

A はラップをかけずに、少し水分をとばす。

レンチンするだけ！ 温大根（1/8本 125g）

冷蔵 4日 ／ 冷凍 1か月

ふんわりラップをして ⏱ 6分

下準備
① 輪切りにして表面に十字に切り目を入れる
② 水でぬらしたペーパータオルをかぶせる

ボリューム

コチュジャンを効かせたピリ辛おかず
大根と豚バラの韓国風煮もの

材料（4～5人分）
- 大根 …… 1/2本（500g）
- 豚バラ薄切り肉 …… 150g
- A
  - にんにく（薄切り）…… 1片分
  - しょうが（せん切り）…… 1片分
  - 酒 …… 大さじ4
  - しょうゆ、砂糖 …… 各大さじ3
  - コチュジャン …… 大さじ2
  - ごま油 …… 小さじ1

作り方 ⏱ 20分

1 大根は皮をむいて小さめの乱切りにする。豚バラ薄切り肉はひと口大に切る。

2 耐熱容器に1の大根を入れて、水でぬらしたペーパータオルをかぶせる。ふんわりとラップをして電子レンジで5分加熱したら、ザルにあげて水けをきる。

3 耐熱容器に1の豚肉、2、Aを入れて混ぜる。ふんわりとラップをして6分加熱する。取り出して混ぜたら、ラップをかけなおして、粗熱がとれるまで蒸らす。

冷蔵 4日 ／ 冷凍 1か月　**ピリ辛**

レンジのコツ
大根は先にレンチンし、やわらかくしておくことで味がしみ込みやすい。

食材ひとつ

だしがしみ込んだシンプルおかず
大根のおだし煮

材料（4～5人分）
- 大根 …… 1/2本（500g）
- A
  - だし汁 …… 100ml
  - 酒 …… 75ml
  - しょうゆ …… 大さじ3
  - みりん、砂糖 …… 各小さじ2

作り方 ⏱ 15分

1 大根は皮をむいて6等分の輪切りにし、表面に十字に浅く切り目を入れる。

2 耐熱容器に1を入れて、水でぬらしたペーパータオルをかぶせる。ふんわりとラップをして電子レンジで5分加熱したら、ザルにあげて水けをきる。

3 耐熱容器に重ならないように並べ入れ、Aを回し入れる。ふんわりとラップをして、7分加熱する。扉を開けずに粗熱がとれるまで蒸らす。

冷蔵 3日 ／ 冷凍 1か月　**しょうゆ味**

リメイク
おでんに入れる。鶏手羽元と煮込む。

サブおかず

かぶ

◎ 素材から出る水分を活かして味つけする
◎ 薄切りにすることで早く中まで熱が通る

冷蔵 3日 ｜ 冷凍 1か月　スパイシー

カレー粉が効いたマヨソースは子どもも大好き
かぶとチキンのカレーマヨサラダ

材料（4～5人分）

かぶ …………………… 3個（360g）
鶏ささみ ……………………… 3本
酒 ……………………………… 大さじ1
A ┌ マヨネーズ ………… 大さじ4
　└ カレー粉 ………… 小さじ2

作り方 ⏱15分

1 かぶは葉を1cmほど残して切り落とす。皮をむいて、7mm幅の半月切りにする。鶏ささみは、すじを除く。

2 耐熱容器に1のささみ、酒を入れる。ふんわりとラップをして、電子レンジで2分加熱する。1のかぶを加えて、さらに3～4分加熱したら、水けをきる。

3 粗熱がとれたら、ささみは食べやすく手で裂く。混ぜ合わせたAにかぶとささみを加えて混ぜる。

レンジのコツ
鶏ささみは中まで熱が通りづらいので、加熱してからかぶと合わせる。

冷蔵 3日 ｜ 冷凍 1か月　しょうゆ味

べっこう色のかぶがしみじみおいしい
かぶと油揚げの煮びたし

材料（4～5人分）

かぶ …………………… 3個（360g）
かぶの葉 ……………………… 50g
油揚げ ………………………… 2枚
A ┌ めんつゆ（3倍濃縮）… 大さじ5
　└ 水 …………………… 大さじ3

作り方 ⏱10分

1 かぶは皮をむいて、1cm厚さのいちょう切りにする。かぶの葉は3cm長さに切る。油揚げは縦半分にした後、2cm幅に切る。

2 耐熱容器に1、Aを入れて混ぜる。ふんわりとラップをし、電子レンジで6～7分加熱する。

バリエーション

油揚げ2枚
→ 豚薄切り肉200g

128

レンチンするだけ！ スチームかぶ（2個 240g）

冷蔵 3日 ｜ 冷凍 1か月

ふんわりラップをして
 3分

下準備
① 8等分に切る。葉は2cm長さに切る
② 耐熱皿にかぶを広げ、上に葉をのせる
③ 塩・酒各少々をふりかける

ボリューム

塩こうじがかぶの甘みを引き出す
かぶとベーコンのうま煮

材料（4～5人分）
- かぶ ……………… 3個（360g）
- かぶの葉 ………………… 40g
- ベーコン ………………… 4枚
- にんにく ………………… ½片
- A
  - 水 ……………………… 100mℓ
  - 酒 ……………………… 大さじ1
  - 塩こうじ …………… 小さじ2～3
  - 鶏がらスープの素（顆粒）
    ……………………… 小さじ½

作り方 20分

1 かぶは皮をむき、4～6等分のくし切りにする。かぶの葉はざく切りにする。ベーコン4等分の長さに、にんにくは薄切りにする。
2 耐熱容器に1のかぶの葉以外の材料、Aを加えてざっと混ぜ合わせる。ふんわりとラップをして、電子レンジで5分加熱する。
3 かぶの葉を加えて混ぜ、ラップをしてさらに3分加熱する。取り出したら、粗熱がとれるまで蒸らす。

 バリエーション
ベーコン4枚
→ ウインナーソーセージ6本

冷蔵 3日 ｜ 冷凍 1か月　**塩味**

食材ひとつ

甘酸っぱさとかぶの食感で食欲アップ
かぶの甘酢がけ

材料（4～5人分）
- かぶ ……………… 3個（360g）
- A
  - 酢 ……………………… 200mℓ
  - 砂糖 …………………… 大さじ8
  - 塩 ……………………… 少々

作り方 15分（+漬け時間半日）

1 かぶは葉を1cmほど残して切り落とす。皮をむいて、7mm幅の半月切りにする。
2 耐熱容器に1を入れる。ふんわりとラップをして電子レンジで2分加熱したら、ザルにあげて水けをきる。
3 ボウルにAを混ぜ合わせ、熱いうちに2を入れてあえる。粗熱がとれたら、冷蔵庫で半日ほど漬ける。

🍲 調理法チェンジ
鍋にAを入れて中火で煮立て、かぶを加えて2分煮る。粗熱をとり、冷蔵庫で半日ほど漬ける。

冷蔵 4日 ｜ 冷凍 1か月　**甘酸っぱい**

サブおかず

ほうれん草

◎ そのまま加熱するときは、ラップでぴっちりと包んで乾燥を防ぐ
◎ 加熱をした後は水にさらしてアクをとる

サラダ・マリネ

冷蔵 3日 ／ 冷凍 ×　こっくり

チーズの濃厚なコクが絶品
ほうれん草ときのこのチーズサラダ

材料（4～5人分）

ほうれん草 ……… **2束（300g）**
しめじ ………………… 1パック
まいたけ ……………… 1パック
A ┃ 粉チーズ ………… 大さじ4
　┃ オリーブ油 ……… 大さじ2
　┃ 酢、マヨネーズ … 各大さじ1

作り方 ⏱10分

1 ほうれん草は水でよく洗う。ぬれたままラップでぴったりと包み、電子レンジで2分加熱する。取り出したらさっと水にさらして水けを絞り、根元を落として5cm長さに切る。
2 しめじ、まいたけは石づきを落としてほぐし、耐熱容器に入れる。ふんわりとラップをして、2～3分加熱する。
3 ボウルにAを合わせ、1、2を加えてあえる。

🍴 リメイク
パスタとあえてスパゲティーに。

スピード

冷蔵 3日 ／ 冷凍 ×　しょうゆ味

くずした豆腐と白ごまのはずさない和おかず
ほうれん草の白あえ

材料（4～5人分）

ほうれん草 ……… **1束（150g）**
木綿豆腐 ………………… 100g
A ┃ 薄口しょうゆ …… 小さじ1
　┃ 砂糖 ……………… 大さじ½
　┃ 白すりごま ……… 大さじ3
　┃ 塩 ………………… 小さじ¼

作り方 ⏱5分

1 ほうれん草は水でよく洗う。ぬれたままラップでぴったりと包み、電子レンジで2～3分加熱する。取り出したらさっと水にさらして水けを絞り、根元を落として3cm長さに切る。
2 木綿豆腐はペーパータオルで包んで耐熱容器にのせ、1分30秒加熱する。
3 ボウルに2を入れてくずし、Aを加えて混ぜ合わせる。1を加えてさっくりとあえる。

  バリエーション

ほうれん草1束（150g）
→ にんじん1本（200g）

レンチンするだけ！ ゆでほうれん草（1束150g）

冷蔵	冷凍
4日	1か月

ラップで包んで
 2分
ラップごと氷水に入れて粗熱をとる

下準備
① 1株ずつ互い違いに重ねる

ほうれん草に鮭の塩けがしみ込む

ほうれん草と鮭のみそマヨ

材料（4〜5人分）
ほうれん草 ……… 1束（150g）
生鮭 …………………… 4切れ
A ┌ マヨネーズ ……… 大さじ4
　├ みそ …………… 大さじ2
　└ 小ねぎ（小口切り）……… 20g

作り方 ⏱ **10分**
1. ほうれん草は根元を落として5cm長さに切る。ボウルにAを混ぜ合わせる。
2. 耐熱容器に1のほうれん草、生鮭、Aの順に入れる。ふんわりとラップをして、<u>電子レンジで5〜6分加熱する</u>。

 **リメイク**

鮭にスライスチーズをのせてオーブントースターで焼く。

ボリューム

冷蔵	冷凍
3日	1か月

みそ味

にんにくの風味があとひくおいしさ

ほうれん草の和風ペペロンチーノ

材料（4〜5人分）
ほうれん草 ……… 2束（300g）
にんにく ………………… 2片
赤唐辛子（種は除く）…… 2本分
しょうゆ ………… 小さじ2
こしょう、砂糖 ……… 各少々
オリーブ油 ………… 大さじ2

作り方 ⏱ **10分**
1. ほうれん草は根元を落としてざく切りにする。にんにくは薄切りにする。
2. 耐熱ボウルにすべての材料を入れてよく混ぜる。ラップをせずに<u>電子レンジで2分加熱する</u>。
3. 取り出してよく混ぜ、ラップをせずにさらに<u>2分加熱する</u>。

 **リメイク**
パスタの具材に。ごはんと炒めてガーリックライス風に。

食材ひとつ

冷蔵	冷凍
3日	1か月

ピリ辛

サブおかず（ほうれん草）

サラダ・マリネ

冷蔵	冷凍
3日	1か月

塩味

たっぷりのごまが香ばしい
ほうれん草ともやしのごま塩だれ

材料（4〜5人分）

ほうれん草 ………… **1束（150g）**
もやし ……………………… ½袋
A ┌ ごま油、白いりごま
　　　…………………… 各大さじ2
　　鶏がらスープの素（顆粒）
　　　……………………… 小さじ2
　　にんにく（すりおろし）
　　　……………………… 小さじ1
　└ 塩 ……………………… 小さじ⅓

作り方 ⏱10分

1 ほうれん草は根元を落として5cm長さに切る。
2 耐熱容器に1、もやしを入れる。ふんわりとラップをして電子レンジで3〜4分加熱したら、さっと水にさらして水けをきる。
3 ボウルにAを混ぜ合わせ、2を加えてあえる。

 レンジのコツ

レンチンした後にさっと水にさらすことで、鮮やかな色が保てる。

スピード

冷蔵	冷凍
3日	3週間

こっくり

バターのコクであさりのうまみアップ
ほうれん草とあさりの塩バター蒸し

材料（4〜5人分）

ほうれん草 ………… **2束（300g）**
あさり（砂出ししたもの）…… 300g
酒 ……………………… 大さじ4
バター …………………………20g
塩 ……………………………… 適量

作り方 ⏱10分

1 ほうれん草は根元を落としてざく切りにする。
2 耐熱容器に1、あさりの順に入れて酒をふりかける。ふんわりとラップをして、電子レンジで5分加熱する。
3 熱いうちにバター、塩を加えて混ぜ合わせる。

 バリエーション

あさり300g
→ ベビーほたて200g

レモンのさわやかさがあとをひく
ほうれん草とベーコンの重ね蒸し

材料（4～5人分）
ほうれん草 ……… **1束(150g)**
ベーコン…………………………9枚
トマト……………………………2個
A ┌ オリーブ油 ……… 大さじ2
　├ レモン汁 ………… 小さじ2
　└ 塩、粗びき黒こしょう
　　　………………………各少々

作り方 🕐10分
1 ほうれん草は水でよく洗う。ぬれたままラップでぴったりと包み、電子レンジで2分加熱する。取り出したらさっと水にさらして水けを絞り、根元を落として5㎝長さに切る。
2 トマトは5㎜幅の輪切りにする。
3 耐熱容器にベーコン、トマト、ほうれん草の順に重ね、混ぜ合わせたAをかける。ふんわりとラップをして、3分加熱する。

ボリューム

冷蔵 4日 ／ 冷凍 1か月　さっぱり

 バリエーション

ベーコン9枚
→ 豚薄切り肉300g

ほっとする和の一品
ほうれん草のごまあえ

材料（4～5人分）
ほうれん草 ……… **2束(300g)**
A ┌ 白すりごま ……… 大さじ5
　└ しょうゆ、砂糖‥各大さじ2

作り方 🕐10分
1 ほうれん草は水でよく洗う。ぬれたままラップでぴったりと包み、電子レンジで2～3分加熱する。取り出したらさっと水にさらして水けを絞り、根元を落として5㎝長さに切る。
2 ボウルにAを混ぜ合わせ、1を加えてあえる。

食材ひとつ

冷蔵 3日 ／ 冷凍 1か月　しょうゆ味

 レンジのコツ

加熱ムラがないように、茎と葉が交互になるようにおいて、加熱する。

133

サブおかず

小松菜

◎ そのまま加熱するときは、1株ずつ向きを互い違いにさせる
◎ 加熱時間は短めにし、様子を見て加減する

サラダ・マリネ

冷蔵 4日 ／ 冷凍 ×　甘酸っぱい

酢がよく効いてさっぱりと味わえる

小松菜としめじのマリネ

材料（4〜5人分）

- 小松菜……………… 1束（150g）
- しめじ ……………… 1パック
- パプリカ（赤）……………100g
- A ┌ 酢 ……………… 大さじ2
　　│ オリーブ油、砂糖… 各大さじ1
　　└ 塩、粗びき黒こしょう … 各少々

作り方 🕐 15分

1. 小松菜は根元を落として5cm長さに切る。しめじは石づきを落としてほぐす。パプリカはヘタと種を除き、1cm幅に切る。
2. 耐熱容器に 1 を入れる。ふんわりとラップをして電子レンジで2〜3分加熱したら、ザルにあげて水けをきる。
3. ボウルに A を混ぜ合わせ、2 を加えてあえる。

 バリエーション

しめじ1パック
→ マッシュルーム100g

スピード

冷蔵 3日 ／ 冷凍 2週間　こっくり

たらこがアクセントで味わい広がる

小松菜のたらこあえ

材料（4〜5人分）

- 小松菜…………… 2束（300g）
- たらこ ……………… 1腹
- A ┌ しょうゆ……… 小さじ1½
　　│ ごま油………… 小さじ2
　　│ 塩 ………………… 少々
　　└ かつお節 ……………… 5g

作り方 🕐 10分

1. 小松菜は水でよく洗う。ぬれたままラップでぴったりと包み、電子レンジで3分加熱する。取り出したらさっと水にさらして水けを絞り、根元を落として4cm長さに切る。
2. ボウルに薄皮を除いたたらこ、A を入れてよく混ぜ合わせ、1 を加えてあえる。

 レンジのコツ

加熱後にしっかりと水けをきると、味がしみ込みやすくなる。

レンチンするだけ！ ゆで小松菜（1束150g）

冷蔵 4日 ｜ 冷凍 1か月

ラップで包んで
 2分

ラップごと氷水に入れて粗熱をとる

下準備
① 1株ずつ互い違いに重ねる

かつお節がふわっと香る
小松菜とツナのおかかしょうゆ煮

材料（4～5人分）

小松菜……………… **2束（300g）**
玉ねぎ……………………… ½個
ツナ（オイル漬け缶詰）
　　　　…………… 1缶（70g）
A ┌ しょうゆ……………… 大さじ2
　 └ かつお節……………… 10g

作り方 ⏱10分

1 小松菜は根元を落として5cm長さに切る。玉ねぎは薄切りにする。ツナは缶汁をきっておく。
2 耐熱容器に1を入れ、ふんわりとラップをして電子レンジで3～4分加熱する。
3 Aを加え、全体をあえる。

ボリューム

冷蔵 3日 ｜ 冷凍 2週間　しょうゆ味

 **バリエーション**

かつお節10g
→ ちりめんじゃこ30g

シャキシャキ食感がおいしい
小松菜のナムル

材料（4～5人分）

小松菜……………… **2束（300g）**
A ┌ ごま油……………… 小さじ2
　 │ 鶏がらスープの素（顆粒）
　 │ 　　　　………… 小さじ½
　 │ 塩……………………… 適量
　 └ おろしにんにく …… ½片分
白いりごま……………… 大さじ1

作り方 ⏱5分

1 小松菜は水でよく洗う。ぬれたままラップでぴったりと包み、電子レンジで3分加熱する。取り出したらさっと水にさらして水けを絞り、根元を落として4cm長さに切る。
2 ボウルにAを混ぜ合わせ、1、白いりごまを加えてあえる。

食材ひとつ

冷蔵 4日 ｜ 冷凍 3週間　塩味

 **リメイク**

塩、こしょうをふった牛薄切り肉に巻いて焼き、肉巻き風に。ビビンパの具材に。

サブおかず

水菜

◎ 茎、葉の順で重ね、熱を均一に通す
◎ 加熱時間は短めにし、様子を見て加減する

サラダ・マリネ

冷蔵 3日 | 冷凍 ×

こっくり

ごまの風味が全体にからんで香ばしい

水菜とささみのごまサラダ

材料（4〜5人分）

水菜	1束（200g）
鶏ささみ	4本
酒	小さじ2
A 白すりごま	大さじ4
ごまドレッシング（市販）	大さじ5

作り方 ⏱15分

1 水菜は根元を落として5cm長さに切る。
2 鶏ささみはすじを除き、耐熱容器に入れて酒をふりかける。ふんわりとラップをして、電子レンジで2分加熱する。取り出して上下を返し、ラップをしてさらに2分加熱する。粗熱がとれたら、食べやすく手で裂く。
3 ボウルにAを入れて混ぜ、1、2を加えてあえる。

 バリエーション

鶏ささみ4本
→ 鮭2切れ

スピード

冷蔵 4日 | 冷凍 1か月

さっぱり

めんつゆだけで味がきまる

水菜とえのきのおひたし

材料（4〜5人分）

水菜	1束（200g）
えのきだけ	1袋
A めんつゆ（3倍濃縮）、白すりごま	各大さじ2

作り方 ⏱10分

1 水菜は根元を落として4cm長さに切る。えのきだけは根元を落とし、半分の長さに切ってほぐす。
2 耐熱容器に1を入れる。ふんわりとラップをして、電子レンジで4分加熱したら、ザルにあげて水けをきる。
3 ボウルにAを合わせて、2を加えてあえる。

 調理法チェンジ

1の水菜とえのきをさっとゆで、水にさらして水けをきり、ボウルに合わせたAとあえる。

レンチンするだけ！ スチーム水菜（1束200g）

冷蔵	冷凍
3日	×

ふんわりラップをして
 2分

下準備
① 4cm長さに切る
② 根元部分が下になるように、耐熱皿に広げて重ねる

くったり水菜においしいだしがしみる
水菜とさつま揚げの煮びたし

材料（4～5人分）
- 水菜 …………… 1束（200g）
- さつま揚げ …………… 5枚
- A ┌ 酒 …………… 大さじ2
  └ 薄口しょうゆ、みりん …………… 各大さじ1

作り方 ⏱10分
1. 水菜は根元を落として4cm長さに切る。さつま揚げは1cm幅に切る。
2. 耐熱容器に1とAを入れ、ふんわりとラップをして<u>電子レンジで4分加熱する</u>。
3. 取り出してよく混ぜたらラップをかけなおし、粗熱がとれるまで蒸らす。

 バリエーション
さつま揚げ5枚
→ 厚揚げ1枚

ボリューム

冷蔵	冷凍
3日	3週間

しょうゆ味

水菜のシャキシャキ感にオイスターソースのコクが絶妙
水菜の中華風蒸し

材料（4～5人分）
- 水菜 …………… 2束（400g）
- 油揚げ …………… 2枚
- A ┌ 赤唐辛子（小口切り）‥1本分
  │ ごま油 …………… 大さじ2
  │ 酒 …………… 大さじ1
  │ 鶏がらスープの素（顆粒） …………… 大さじ1/2
  └ オイスターソース … 小さじ1

作り方 ⏱10分
1. 水菜は根元を落として5cm長さに切る。油揚げは縦半分に切って、5mm幅に切る。
2. 耐熱容器に1、混ぜ合わせたAを入れて混ぜる。ふんわりとラップをして、<u>電子レンジで2分加熱</u>する。
3. 取り出してよく混ぜたらラップをかけなおし、粗熱がとれるまで蒸らす。

食材ひとつ

レンジのコツ
水菜の食感を残すため、加熱は2分をめやすとする。

冷蔵	冷凍
3日	×

ピリ辛

サブおかず

白菜

◎ 根元部分を下、葉を上におき、熱を均一に通す
◎ 芯の部分がうっすら透明になるぐらいが加熱のめやす

サラダ・マリネ

冷蔵 3日 / 冷凍 3週間　さっぱり

シャキシャキ白菜とポン酢でさっぱりと
白菜とかにかまのサラダ

材料（4～5人分）

- 白菜 …………… 1/4個（400g）
- わかめ（乾燥）………… 大さじ2
- かに風味かまぼこ ……… 6本
- A ┌ ポン酢しょうゆ ……… 60㎖
    ├ だし汁 ………………… 大さじ2
    └ サラダ油 ……………… 大さじ1

作り方 🕐 15分

1. 白菜は細切りにして、耐熱容器に入れる。ふんわりとラップをして電子レンジで5分加熱したら、ザルにあげて水けをきる。
2. わかめは水でもどして水けをきる。かに風味かまぼこは半分の長さに切りほぐす。
3. ボウルにAを混ぜ合わせ、1、2を加えてあえる。

 バリエーション

サラダ油大さじ1
→ ごま油大さじ1

スピード

冷蔵 3日 / 冷凍 1か月　塩味

シンプルな味つけで素材のうまみ広がる
白菜とベーコンの重ね蒸し

材料（4～5人分）

- 白菜 …………… 1/4個（400g）
- ベーコン ………………… 8枚
- A ┌ ごま油 ………………… 大さじ2
    └ 塩、粗びき黒こしょう …… 各少々

作り方 🕐 10分

1. 白菜はざく切りにする。ベーコンは、長ければ耐熱容器に入る長さに切る。
2. 耐熱容器に白菜、ベーコンの順で交互に重ね、最後に白菜をのせたら、Aを回し入れる。ふんわりとラップをして、電子レンジで6～7分加熱する。

レンジのコツ

底の平たい耐熱容器に交互に重ねると、きれいに仕上がる。

レンチンするだけ！ 蒸し白菜（1/6個 270g）

冷蔵 3日 ｜ 冷凍 1か月

ふんわりラップをして
⏱ 3分30秒

下準備
① ざく切りにする
② 芯部分が下になるように耐熱皿に広げ重ねる
③ 水少々を入れる

鶏むね肉であっさりいただく和風味
白菜と鶏肉のうま煮

材料（4〜5人分）

白菜	1/6個（270g）
鶏むね肉	1/2枚
塩	少々
片栗粉	適量
わけぎ	2本
A だし汁	200mℓ
酒、しょうゆ	各大さじ2
しょうが（せん切り）	1片分

バリエーション
鶏むね肉1/2枚
→ 鶏ささみ3本

作り方 ⏱ 20分

1. 鶏むね肉はひと口大のそぎ切りにして、塩、片栗粉をまぶす。白菜の芯は鶏肉と同様に切り、葉はざく切りにする。わけぎは5cm長さに切る。
2. 耐熱容器に白菜とわけぎを入れ、その上に鶏肉を重ならないように並べ、合わせたAを回し入れる。ふんわりとラップをして、<u>電子レンジで7〜8分加熱する</u>。
3. 取り出して混ぜ、ラップをかけなおしたら、粗熱がとれるまで蒸らす。

冷蔵 3日 ｜ 冷凍 1か月　**しょうゆ味**

ボリューム

ごはんがすすむピリ辛おかず
ラーパーツァイ

材料（4〜5人分）

白菜	1/4株（400g）
A 砂糖、酢	各大さじ2
しょうゆ	大さじ1
赤唐辛子（小口切り）	1本分
塩、粉山椒	各少々
ラー油	適量

リメイク
豚こま切れ肉、溶き卵とともに入れて煮立て、片栗粉でとろみを出してサンラータン風に。

作り方 ⏱ 10分

1. 白菜は3cm長さ、1cm幅の細切りにする。
2. 耐熱容器に1、合わせたAを入れる。ふんわりとラップをして、<u>電子レンジで2分加熱する</u>。
3. 取り出してさっと混ぜ、ラップをしてさらに<u>1〜2分加熱する</u>。扉を開けずに粗熱がとれるまで蒸らしたら、ラー油をかけてあえる。

冷蔵 5日 ｜ 冷凍 ×　**ピリ辛**

食材ひとつ

サブおかず

レタス

◎ 加熱時間を短めにし、様子を見て加減する
◎ 水けをよくきって加熱すると、シャキっと食感が残る

サラダ・マリネ

冷蔵 3日 ／ 冷凍 ×　さっぱり

くるみの食感があとをひく
蒸しレタスのゆずこしょうサラダ

材料（4〜5人分）

- レタス …………… 1玉（360g）
- くるみ（ロースト済）……… 10粒
- A ┌ オリーブ油 ……… 大さじ2
  ├ レモン汁 ………… 小さじ2
  └ ゆずこしょう …… 小さじ1/2

作り方 ⏱10分

1. レタスは大きめにちぎる。くるみはたたいて粗く砕く。
2. 耐熱容器に1のレタスを入れる。ふんわりとラップをして電子レンジで1分30秒加熱したら、ザルにあげて水けをきる。
3. ボウルにAを混ぜ合わせる。2を入れてよくあえたら、1のくるみを散らす。

 バリエーション

ゆずこしょう小さじ1/2
→ 粗びき黒こしょう適量

スピード

冷蔵 3日 ／ 冷凍 ×　しょうゆ味

酸味がほどよくミックスされた
レタスとトマトのポン酢蒸し

材料（4〜5人分）

- レタス …………… 1/2玉（180g）
- トマト ……………………… 2個
- A ┌ ポン酢しょうゆ …… 大さじ3
  └ ごま油、砂糖 …… 各小さじ1

作り方 ⏱10分

1. レタスは食べやすくちぎる。トマトは5mm幅の輪切りにする。
2. 耐熱容器に1のトマトとレタスを交互に重ねる。混ぜ合わせたAを回し入れ、ふんわりとラップをして電子レンジで2分加熱する。

 リメイク

 豚しゃぶと合わせ、冷しゃぶサラダに。

レンチンするだけ！ レタしゃぶ （1/2個 180g）

冷蔵 3日 ／ 冷凍 ×

ふんわりラップをして
⏱ **30秒**
（※様子を見て加減する）

下準備
① 食べやすくちぎる
② 芯部分が下になるように、耐熱皿に広げて重ねる

焼き肉のたれと肉汁がジューシー
レタスと鶏ひき肉のミルフィーユ

材料（4〜5人分）

レタス	1玉（360g）
鶏ひき肉	300g
A ┌ しょうゆ、酒、ごま油 │ └ 各大さじ1	
焼き肉のたれ	大さじ5

作り方 ⏱ 20分

1. レタスは1枚ずつはがす。
2. ボウルに鶏ひき肉、A を加えて練り混ぜる。
3. 耐熱容器に1、2を交互に重ね、最後にレタスをのせたら、焼き肉のたれを回し入れる。ふんわりとラップをして、<u>電子レンジで8〜10分加熱する</u>。

ボリューム

冷蔵 4日 ／ 冷凍 × 　**こっくり**

 調理法チェンジ

深めのフライパンにレタスと2を交互に重ね、焼き肉のたれをかけて、ふたをして中火で10分ほど煮込む。

ふんわり辛子の風味がおいしい
レタスのおひたし

材料（4〜5人分）

レタス	1玉（360g）
A ┌ だし汁	100㎖
│ しょうゆ	大さじ1
│ 酒	小さじ2
│ 練り辛子	小さじ1
└ かつお節	3g

作り方 ⏱ 10分

1. レタスはざく切りにして水に通し、耐熱容器に入れる。ふんわりとラップをして<u>電子レンジで3分加熱</u>したら、ザルにあげて水けをきる。
2. 別の耐熱容器に A を混ぜ合わせ、ふんわりとラップをして<u>1分加熱</u>する。
3. 1を加えて、よくあえる。

食材ひとつ

冷蔵 3日 ／ 冷凍 ×　**ピリ辛**

 **バリエーション**

レタス1玉（360g）
→ 水菜2束（400g）

サブおかず

ごぼう

◎ 重ならないように並べ、熱を均一に通す
◎ 加熱をする前に水にさらし、アク抜きをする

サラダ・マリネ

冷蔵 3日 / 冷凍 3週間　こっくり

ヨーグルトで酸味を加えて
ごぼうの明太サラダ

材料（4〜5人分）

ごぼう ……………… 1本（200g）
辛子明太子 ………………… 1腹
A｜マヨネーズ …… 大さじ1½
　｜プレーンヨーグルト … 小さじ2
　｜レモン汁、塩、こしょう
　｜　……………… 各少々

作り方 ⏱10分

1 ごぼうは皮をこそげて5㎝長さの細切りにし、水にさらして水けをきる。耐熱容器に入れ、ふんわりとラップをして電子レンジで3分加熱したら、ザルにあげて水けをきる。
2 辛子明太子は薄皮を除いて中身を取り出し、ボウルに入れてAと混ぜ合わせる。
3 1を加えて、あえる。

 バリエーション

ごぼう1本（200g）
→ 大根⅕本（200g）

スピード

冷蔵 3日 / 冷凍 1か月　甘辛

野菜の歯ごたえと甘辛い味つけで箸が止まらない
きんぴらごぼう

材料（4〜5人分）

ごぼう ……………… 1本（200g）
にんじん ………………… ½本
A｜しょうゆ、みりん、酒、砂糖
　｜　……………… 各大さじ1
ごま油、白いりごま … 各小さじ2

作り方 ⏱10分

1 ごぼうは皮をこそげて5㎝長さのせん切りにし、水にさらして水けをきる。にんじんも、皮をむいて5㎝長さのせん切りにする。
2 耐熱容器に1、Aを入れて混ぜる。ふんわりとラップをして、電子レンジで3分加熱する。
3 取り出して全体を混ぜ、ラップをせずにさらに3分加熱する。取り出したら、ごま油、白いりごまをふり、粗熱がとれるまでおく。

 レンジのコツ

加熱は2回に分ける。1回目で味をしみ込ませ、2回目はラップをはずして水分をとばす。

レンチンするだけ！ 塩ごぼう（½本100g）

冷蔵 3日 ／ 冷凍 1か月

ふんわりラップをして ⏱ 3分

下準備
① 4cm長さにし、縦等分の棒状に切る
② 耐熱皿に重ならないように並べる
③ 塩・酒各少々をまぶす

ごはんによく合う和の味つけ
ごぼうと豚肉のさっと煮

材料（4〜5人分）

ごぼう	1本（200g）
豚バラ薄切り肉	100g
A みりん、しょうゆ	各大さじ4
砂糖	大さじ2
七味唐辛子	適量

作り方 ⏱ 15分

1 ごぼうは皮をこそげてささがきにし、水にさらして水けをきる。豚バラ薄切り肉は、ひと口大に切る。
2 耐熱容器にごぼうを入れ、豚肉を重ならないようにのせ、混ぜ合わせた A を回し入れる。ふんわりとラップをして、電子レンジで7分加熱する。
3 取り出して混ぜ、ラップをかけなおす。粗熱がとれるまで蒸らし、七味唐辛子をふる。

 **調理法チェンジ**
フライパンにサラダ油を熱して中火で1を炒め、Aを加えたら5分ほど煮て、七味唐辛子をふる。

ボリューム

冷蔵 4日 ／ 冷凍 1か月　ピリ辛

コリコリ食感がたのしい
たたきごぼうの甘酢煮

材料（4〜5人分）

ごぼう	1本（200g）
A だし汁	100ml
すし酢	大さじ2½
しょうゆ	大さじ2

作り方 ⏱ 10分

1 ごぼうは皮をこそげて4等分長さにする。耐熱容器に入れ、ふんわりとラップをして電子レンジで3分加熱する。
2 取り出してめん棒などでたたき、食べやすい大きさにする。
3 耐熱容器に 2 と A を入れたら、ふんわりとラップをして2分加熱する。取り出したら、粗熱がとれるまで蒸らす。

 **バリエーション**
ごぼう1本（200g）
→れんこん½節（200g）

食材ひとつ

冷蔵 4日 ／ 冷凍 1か月　甘酸っぱい

143

サブおかず

れんこん

◎ 加熱時間は短めにし、様子を見て加減する
◎ 加熱をする前に水もしくは酢水にさらし、アク抜きをする

サラダ・マリネ

冷蔵 4日 / 冷凍 ×
こっくり

れんこんの食感が明太マヨに合う

れんこんと枝豆の明太マヨ

材料（4〜5人分）

れんこん	1節（400g）
枝豆（冷凍）	30さや
A 酢	大さじ1
砂糖	小さじ2
塩	少々
マヨネーズ	大さじ2½
辛子明太子	30g

作り方 ⏱10分

1 れんこんは皮をむいて薄いいちょう切りにし、水にさらして水けをきる。枝豆は解凍してさやから出す。

2 耐熱容器に1のれんこんを入れる。ふんわりとラップをして電子レンジで3分加熱したら、Aをまぶす。

3 辛子明太子は薄皮を除いて中身を取り出し、ボウルに入れてマヨネーズを混ぜ合わせる。水けをきった2を加えて、よくあえる。

 リメイク

ふかしたじゃがいもとあえて、明太ポテトサラダに。

スピード

冷蔵 3日 / 冷凍 1か月
みそ味

ごまとみその濃厚なコンビネーション

れんこんのみそだれ蒸し

材料（4〜5人分）

れんこん	1節（400g）
さやいんげん	60g
A 白練りごま、みそ、砂糖、みりん、酒	各大さじ2
白いりごま	小さじ2

作り方 ⏱10分

1 さやいんげんはすじを除き、斜め半分に切る。

2 れんこんは皮をむいて5mm幅の半月切りにし、水にさらして水けをきる。耐熱容器に入れて合わせたAを回し入れる。ふんわりとラップをして、電子レンジで5〜6分加熱する。

3 取り出して1を加えて混ぜたら、ラップをしてさらに1分加熱する。

レンジのコツ

さやいんげんは途中で加えて、2回に分けてレンチンすることで、均一に熱が通る。

レンチンするだけ！ 蒸しれんこん（½節 200g）

冷蔵 3日 / 冷凍 1か月

ふんわりラップをして ⏱ 3分

下準備
① 半月切りにして、酢水にさらす
② 耐熱皿に重ならないように並べる
③ 酢少々をふりかける

ボリューム

甘酢だれでパクパク食べられる
れんこんの肉詰め甘酢あんかけ

材料（4～5人分）
- れんこん……1節（400g）
- 鶏ひき肉……150g
- A
  - 水……100mℓ
  - しょうゆ、砂糖、酢……各大さじ2
  - 片栗粉……小さじ2

作り方 ⏱ 20分
1. れんこんは皮をむき、水にさらして水けをきる。
2. 鶏ひき肉を1のれんこんの穴に詰めたら、7mm幅に切る。耐熱容器に入れ、ふんわりとラップをして電子レンジで6～8分加熱する。
3. 別の耐熱容器にAを合わせる。ふんわりとラップをして2～3分加熱したら、混ぜて2にかける。

冷蔵 3日 / 冷凍 1か月　甘辛

バリエーション
れんこん1節（400g）
→ じゃがいも2個（400g）

食材ひとつ

赤じその風味がクセになる
れんこんの赤じそあえ

材料（4～5人分）
- れんこん……1節（400g）
- A
  - 酢……120mℓ
  - 砂糖……大さじ5
- 赤じそふりかけ……小さじ2

作り方 ⏱ 10分
1. れんこんは皮をむいて薄い半月切りにして、水にさらして水けをきる。
2. 耐熱容器に1と混ぜ合わせたAを入れる。ふんわりとラップをして電子レンジで2分30秒加熱する。
3. 粗熱がとれたら、赤じそふりかけを加えてあえる。

冷蔵 3日 / 冷凍 1か月　甘酸っぱい

バリエーション
れんこん1節（400g）
→ キャベツ½個（400g）

サブおかず

さつまいも

◎ 水でぬらしたペーパータオルをかぶせて加熱し、中までしっとりさせる
◎ 切ったものは加熱する前に水にさらし、アク抜きをする

サラダ・マリネ

冷蔵 3日 / 冷凍 2週間　こっくり

ほっこり食感にレーズンがアクセント
さつまいもココナッツミルクサラダ

材料（4～5人分）　　**作り方** ⏱10分

さつまいも ……… 1本（300g）
A ┌ ココナッツミルク …… 50ml
　├ ナンプラー、砂糖 ‥各小さじ1
　└ レーズン ………… 大さじ2

1 さつまいもは皮をむいて1.5cm厚さに切り、水にさらして水けをきる。
2 耐熱容器に1のさつまいもを入れ、ふんわりとラップをして電子レンジで6～8分ほど加熱する。
3 2をフォークなどで粗めにつぶして、合わせたAを加えてあえる。

 バリエーション

さつまいも1本（300g）
→ かぼちゃ¼個（300g）

スピード

冷蔵 3日 / 冷凍 2週間　しょうゆ味

コロコロさつまいもとそぼろがよくからむ
さつまいものそぼろ煮

材料（4～5人分）　　**作り方** ⏱15分

さつまいも ……… 1本（300g）
鶏ひき肉 ………………… 120g
A ┌ 砂糖、みりん …… 各大さじ1
　├ しょうゆ ………… 大さじ1½
　└ しょうがの絞り汁 … 小さじ½

1 さつまいもは皮つきのまま1.5cm角に切り、水にさらして水けをきる。耐熱容器に入れて、水でぬらしたペーパータオルをかぶせ、ふんわりとラップをして電子レンジで4分加熱する。
2 別の耐熱容器に鶏ひき肉とAをよく混ぜ合わせ、1を加える。ふんわりとラップをして5分加熱したら、さっくり混ぜる。

 バリエーション

さつまいも1本（300g）
→ 里いも6個（300g）

レンチンするだけ！ ふかしいも（½本 150g）

冷蔵 3日 ／ 冷凍 1か月

ふんわりラップをして
 6分

下準備
① 輪切りにする
② 切ったら水にさらす
③ 水でぬらしたペーパータオルをかぶせる

ボリューム

さつまいもの甘みと粒マスタードの酸味が新鮮
さつまいもとウインナーのマヨマスタード

材料（4～5人分）
- さつまいも ……… 1本（300g）
- ウインナーソーセージ …… 7本
- A
  - マヨネーズ ……… 大さじ2
  - 粒マスタード ……… 大さじ1
  - プレーンヨーグルト ……… 小さじ2
  - 塩、こしょう ……… 各少々

作り方 15分

1. さつまいもは皮つきのまま7mm幅のいちょう切りにし、水にさらして水けをきる。ウインナーソーセージは斜め半分に切る。
2. 耐熱容器に1を入れ、ふんわりとラップをして電子レンジで8～10分加熱する。
3. 合わせたAを2に加えて、よくあえる。

冷蔵 3日 ／ 冷凍 3週間　**スパイシー**

レンジのコツ

さつまいもは熱が通りやすいように薄めに切るとよい。

食材ひとつ

バターの塩けが効いて甘じょっぱい
さつまいものはちみつごまバター

材料（4～5人分）
- さつまいも ……… 1本（300g）
- A
  - バター ……… 30g
  - はちみつ、黒いりごま ……… 各大さじ2

作り方 20分

1. さつまいもは皮つきのまま厚さ1cm、長さ5cmの棒状に切り、水にさらして水けをきる。
2. 耐熱容器に1を入れ、ふんわりとラップをして電子レンジで7～9分加熱する。
3. 熱いうちに合わせたAを加え、よくあえる。

冷蔵 3日 ／ 冷凍 3週間　**甘辛**

リメイク
つぶして成形し、オーブントースターで焼いてスイートポテト風に。

サブおかず

じゃがいも

◎ 余熱でじんわり熱を通すと、ほっくりとする
◎ 皮ごと加熱すると、皮が手早くむける

サラダ・マリネ

冷蔵 3日 ／ 冷凍 ×　スパイシー

マスタードマヨの酸味が味わい深い

ベーコンポテトサラダ

材料（4～5人分）

じゃがいも ……… 4個（500g）
厚切りベーコン ………… 100g
きゅうり ………………… 1/2本
ホールコーン（缶詰） …… 50g
A ┌ マヨネーズ ……… 大さじ3
　├ 粒マスタード、酢 … 各大さじ1
　└ 塩、こしょう ……… 各少々

作り方 ⏱ 20分

1 じゃがいもは半分に、厚切りベーコンは1cm幅に切る。きゅうりは輪切りにする。
2 耐熱容器にじゃがいも、ベーコンを入れ、ふんわりとラップをして電子レンジで8～10分加熱する。じゃがいもを取り出し、皮をむいて熱いうちにざっくりとつぶす。
3 ボウルにAを混ぜ合わせ、2、きゅうり、缶汁をきったホールコーンを加えてあえる。

 バリエーション

厚切りベーコン100g
→ ツナ（オイル漬け缶詰）小1缶（70g）

スピード

冷蔵 3日 ／ 冷凍 2週間　ピリ辛

ピリっとパンチが効いてる

じゃがいものペペロンチーノ

材料（4～5人分）

じゃがいも ……… 4個（500g）
オリーブ油 ………… 大さじ3
赤唐辛子（小口切り） …… 1/2本分
A ┌ 塩 ……………… 小さじ1/2
　├ ガーリックパウダー、
　│ こしょう ……… 各少々
　└ パセリ（みじん切り）… 大さじ1

作り方 ⏱ 15分

1 じゃがいもはよく洗って皮つきのまません切りにし、水にさらして水けをきる。
2 耐熱容器に1を入れてオリーブ油をまぶし、赤唐辛子を加える。ラップをせずに電子レンジで4分加熱する。取り出して混ぜ、ラップをせずにさらに4分加熱する。
3 Aをふって、よくあえる。

調理法チェンジ

フライパンにオリーブ油を熱して、強火で赤唐辛子、1を炒め、Aを加えてからめる。

レンチンするだけ！ ふかしじゃが（2個250g）

冷蔵 3日 ／ 冷凍 1か月

ふんわりラップをして ⏱ 4分

下準備
① 4つ切りにする
② 切ったら水にさらす
③ 水でぬらしたペーパータオルをかぶせる

甘辛い味わいと肉のうまみで食がすすむ
じゃがいもと豚肉のスタミナ蒸し

材料（4〜5人分）
- じゃがいも ……… 2個（250g）
- 豚バラ薄切り肉 ………… 150g
- プチトマト ……………… 5個
- A
  - しょうゆ、砂糖 … 各大さじ2
  - 酒 …………………… 大さじ1
  - にんにく（すりおろし）… 小さじ1

作り方 ⏱ 10分（+漬け時間10分）
1. じゃがいもは皮をむいて8等分に、豚バラ薄切り肉は5㎝長さに切る。プチトマトは竹串で数か所穴をあける。
2. 耐熱容器にAを合わせる。じゃがいも、豚肉を加えて混ぜ、10分ほど漬ける。
3. 2に1のプチトマトを加え、ふんわりとラップをして電子レンジで6〜7分加熱する。

ボリューム

冷蔵 3日 ／ 冷凍 3週間　甘辛

 リメイク

ごはんにのせて丼に。カレールウを加えて即席カレーに。

バターじょうゆがじんわりしみて美味
じゃがバタうま煮

材料（4〜5人分）
- じゃがいも …… 大3個（600g）
- A
  - 酒、みりん ……… 各大さじ1
  - しょうゆ ………… 大さじ2½
  - 砂糖 ……………… 大さじ2
- バター ………………………… 15g

作り方 ⏱ 20分
1. じゃがいもは皮をむいてひと口大に切る。耐熱容器に入れて、水でぬらしたペーパータオルをかぶせる。ふんわりとラップをして、電子レンジで3分加熱する。
2. 取り出して水けをふき取り、合わせたAを入れてからめる。バターをちぎって散らし、ラップをせずにさらに7分加熱する。
3. 取り出してよく混ぜてラップをかけなおし、粗熱がとれるまで蒸らす。

食材ひとつ

冷蔵 3日 ／ 冷凍 3週間　こっくり

 バリエーション

じゃがいも大3個（600g）
→ きのこ600g

サブおかず

里いも

◎ 皮ごと加熱すると、皮が手早くむける
◎ 切り目を入れて加熱すると、中まで早く熱が通る

サラダ・マリネ

冷蔵 3日 / 冷凍 1か月　こっくり

チーズのコクとかつおの風味がたまらない

里いものクリームチーズサラダ

材料（4～5人分）

里いも	8個（400g）
クリームチーズ	100g
A しょうゆ	小さじ1
ゆずこしょう	少々
和風だしの素（顆粒）	小さじ½
かつお節	6g
小ねぎ（小口切り）	2本分

作り方 🕐 15分

1 里いもは皮をむいて、ひと口大に切る。塩少々（分量外）でもみ、流水でぬめりを洗って水けをきる。クリームチーズは1cm角に切る。
2 耐熱容器に**1**の里いもを入れ、ふんわりとラップをして<u>電子レンジで4～5分加熱</u>する。
3 **A**を加えて混ぜ、**1**のクリームチーズ、かつお節、小ねぎを加えてさっと混ぜ合わせる。

 バリエーション

ゆずこしょう少々
➡ 辛子明太子½腹

スピード

冷蔵 3日 / 冷凍 1か月　さっぱり

梅の酸味であっさり仕上げる

里いもの梅おかか

材料（4～5人分）

里いも	8個（400g）
梅干し	3個
A かつお節	5g
めんつゆ（3倍濃縮）	大さじ2
白いりごま	大さじ2
小ねぎ（小口切り）	20g

作り方 🕐 15分

1 里いもは皮に切り目を入れて、1個ずつラップで包み、<u>電子レンジで6～8分加熱</u>する。熱いうちに皮をむいてひと口大に切る。
2 梅干しは種を除いて、包丁でたたく。
3 ボウルに**A**を混ぜ合わせ、**1**、**2**を加えてあえ、小ねぎを散らす。

 レンジのコツ

ラップで包む前に里いもに切り目を入れ、皮をむきやすくする。

レンチンするだけ！ ふかし里いも （2個100g）

冷蔵 3日 ／ 冷凍 1か月

1個ずつラップで包んで
⏱ 4分
熱いうちに皮をむく

下準備
① よく洗って十字に切り込みを入れる

ほっくりした食感に甘じょっぱさがしみてる
里いもと鶏肉の煮もの

材料（4～5人分）

里いも	6個（300g）
鶏もも肉	1枚
にんじん	1本
A しょうゆ、みりん	各大さじ3
砂糖、酒	各大さじ2

作り方 ⏱ 20分（＋漬け時間 5分）

1. 鶏もも肉はひと口大に切り、Aをもみ込んで5分おく。里いもとにんじんは、皮をむいてひと口大の乱切りにする。
2. 耐熱容器に1をたれごと入れる。ふんわりとラップをして、電子レンジで10～12分加熱する。
3. 取り出してよく混ぜ、粗熱がとれるまでおく。

 **バリエーション**

Aの調味料
→ オイスターソース大さじ3、酒大さじ2

ボリューム

冷蔵 3日 ／ 冷凍 1か月　**甘辛**

甘いみそだれがほっくり里いもにからんで美味
里いもの甘みそがけ

材料（4～5人分）

里いも	8個（400g）
A みそ、砂糖	各大さじ3
みりん	大さじ2
白いりごま	大さじ1

作り方 ⏱ 20分

1. 里いもは皮に切り目を入れて、1個ずつラップで包み、電子レンジで6～8分加熱する。熱いうちに皮をむいて、半分に切る。
2. 耐熱容器にAを混ぜ合わせる。ふんわりとラップをして30秒～1分加熱したら、よく混ぜる。
3. 1を加えて混ぜて、白いりごまをふる。

 **リメイク**

鶏ひき肉とともに炒めて、ボリュームおかずに。

食材ひとつ

冷蔵 3日 ／ 冷凍 1か月　**みそ味**

151

もう1品！便利食材の時短レシピ

もう1品欲しいというときに、缶詰や冷凍食材を使った、レンチンでできるおつまみやおかずを紹介します。

ホールコーン（缶詰）

バターしょうゆコーン
パクパクつまめるコクうまコーン

冷蔵 3日 ／ 冷凍 1か月　しょうゆ味

材料（1〜2人分）
- ホールコーン（缶詰）‥1缶（180g）
- A ┌ しょうゆ ………… 大さじ1
　　└ バター …………………… 10g

作り方 ⏱5分
1. 耐熱容器に缶汁をきったホールコーンを入れる。Aを加えて混ぜ、ふんわりとラップをして電子レンジで2〜3分加熱する。

コーンベーコンペペロン
パンやチーズとの相性もバツグン

冷蔵 3日 ／ 冷凍 ×　ピリ辛

材料（2人分）
- ホールコーン（缶詰）‥1缶（180g）
- 厚切りベーコン …………… 60g
- A ┌ にんにく ………………… 1片
　　│ 赤唐辛子（小口切り）‥1本分
　　└ オリーブ油 …… 大さじ½
- 塩、こしょう ………… 各少々

作り方 ⏱5分
1. 厚切りベーコンは1.5cm角に切る。
2. 耐熱容器に1、缶汁をきったホールコーン、Aを入れて混ぜる。ラップをせずに電子レンジで2〜3分加熱したら、塩、こしょうで味を調える。

枝豆（冷凍）

韓国風枝豆
さやごと味がしっかりしみ込む

冷蔵 3日 ／ 冷凍 ×　甘辛

材料（2人分）
- 枝豆（冷凍） ……………… 200g
- A ┌ 焼肉のたれ ……… 大さじ2
　　│ コチュジャン ……… 小さじ2
　　└ おろしにんにく‥小さじ½

作り方 ⏱5分
1. 枝豆は流水で解凍し、Aは混ぜ合わせる。
2. 耐熱容器に枝豆を入れ、Aを絡める。ラップをせずに、電子レンジで3分加熱する。

枝豆のひたし豆風
しょうがの風味がさっぱり

冷蔵 3日 ／ 冷凍 ×　さっぱり

材料（2人分）
- 枝豆（冷凍） ……………… 300g
- 玉ねぎ ……………………… ¼個
- しょうが（せん切り）……… 1片分
- A ┌ 白だし、水 …… 各大さじ1

作り方 ⏱20分（+漬け時間1時間）
1. 枝豆は流水で解凍し、さやから中身を取り出す。玉ねぎは1cm角に切り、水にさらし水けをきる。
2. 耐熱容器に1、しょうが、Aを入れて混ぜる。ふんわりとラップをして、電子レンジで3分加熱する。
3. 粗熱がとれたら、冷蔵庫で1時間ほど漬ける。

たけのこ（水煮）

メンマ風でごはんや麺にも合う
たけのこのキムチあえ

冷蔵 3日 ／ 冷凍 1か月
ピリ辛

材料（2人分）
- たけのこ（水煮）……1個（250g）
- わかめ（乾燥）……5g
- 白菜キムチ……100g
- A
  - しょうゆ……小さじ1
  - ごま油……大さじ½

作り方 ⏱10分
1. たけのこの穂先は薄切りに、残りは短冊切りにする。わかめはたっぷりの水でもどし、水けをきる。
2. 耐熱容器に **1** を入れ、白菜キムチを広げてのせる。**A** を回し入れ、ラップをせずに電子レンジで3分加熱したら、よく混ぜ合わせる。

コリコリの食感があとをひく
たけのこの中華マリネ

冷蔵 3日 ／ 冷凍 1か月
甘酸っぱい

材料（2人分）
- たけのこ（水煮）……1個（250g）
- A
  - 酢……大さじ2
  - 鶏がらスープの素（顆粒）……小さじ2
  - 豆板醤……小さじ⅓
  - 砂糖……小さじ1
  - ごま油……大さじ1
- 小ねぎ（小口切り）……適量

作り方 ⏱10分
1. たけのこの穂先は薄切りに、残りはいちょう切りにする。
2. 耐熱容器に **1** を敷き詰め、混ぜ合わせた **A** を回し入れる。ふんわりとラップをして、電子レンジで3分加熱する。
3. 取り出して混ぜ、粗熱がとれたら小ねぎを散らす。

ミックスベジタブル（冷凍）

チーズがトロッと！形も映える
ベジタブルチーズオムレツ

冷蔵 3日 ／ 冷凍 ×
こっくり

材料（2人分）
- ミックスベジタブル（冷凍）……40g
- 卵……4個
- A
  - マヨネーズ……小さじ2
  - ピザ用チーズ……30g
  - 塩……少々
- トマトケチャップ……適量

作り方 ⏱10分
1. ボウルに卵を溶きほぐして、ミックスベジタブル、**A** を加えてよく混ぜ合わせる。
2. 耐熱容器にオーブンシートを敷いて、**1** の半量を流し入れる。シートの両端をキャンディーのようにねじって包み、電子レンジで2分加熱する。
3. 広げたラップの上に **2** を取り出して、オムレツ型に成形する。かたまっていないときは、さらに10〜30秒加熱する。同様にもう1つ作り、トマトケチャップをかける。

カレー味のボリュームおかず
ミックスベジタブルのカレーソテー

冷蔵 3日 ／ 冷凍 ×
スパイシー

材料（2人分）
- ミックスベジタブル（冷凍）……150g
- ウインナーソーセージ……2本
- A
  - カレー粉……小さじ½
  - オリーブ油……小さじ2
  - 塩……少々

作り方 ⏱5分
1. ウインナーソーセージは斜め薄切りにする。
2. 耐熱容器に **1** とミックスベジタブル、**A** を加えてよく混ぜ合わせる。ラップをせずに電子レンジで3分加熱する。

153

サブおかず

きのこ

◎ 加熱時間は短めにし、様子を見て加減する
◎ 加熱して出た水分のうまみを活かして味を調える

サラダ・マリネ

冷蔵 3日 / 冷凍 3週間　さっぱり

しょうがが効いた和マリネ
きのこの和風マリネ

材料（4～5人分）

- しめじ …………… 1パック（100g）
- えのきだけ ………… 1袋（100g）
- しょうが ……………………… 1片
- A
  - だし汁 ………………… 60mℓ
  - 酢 ……………………… 大さじ3
  - 砂糖 …………………… 大さじ1½
  - しょうゆ ……………… 小さじ2

作り方 ⏱10分（+漬け時間ひと晩）

1. しめじとえのきだけは石づきを落としてほぐす。しょうがはせん切りにする。
2. 耐熱容器に1のきのこを入れる。ふんわりとラップをして<u>電子レンジで2分加熱</u>したら、ザルにあげて水けをきる。
3. ボウルにAを混ぜ合わせる。1のしょうがと2を加えて混ぜたら、冷蔵庫でひと晩漬ける。

 リメイク

焼いた鮭とあえて、煮びたし風に。

スピード

冷蔵 3日 / 冷凍 1か月　しょうゆ味

香り高いきのこにバターしょうゆがしみる
3種きのこのバターしょうゆ蒸し

材料（4～5人分）

- しめじ …………… 1パック（100g）
- エリンギ ………… 1パック（100g）
- えのきだけ ………… 1袋（100g）
- A
  - しょうゆ、酒 …… 各大さじ3
  - バター ………………… 50g

作り方 ⏱10分

1. きのこは石づきを落とす。しめじはほぐし、エリンギは縦に4つ割りにして半分の長さに切り、えのきだけは半分の長さに切ってほぐす。
2. 耐熱容器に1、Aを入れ、ふんわりとラップをして<u>電子レンジで3～4分加熱</u>する。

 調理法チェンジ

フライパンにバターを熱してきのこを入れて中火で2～3分炒める。しょうゆ、酒を加えてさっと炒め合わせる。

レンチンするだけ！ しめじ煮びたし （1パック100g）

冷蔵 4日 ／ 冷凍 1か月

ふんわりラップをして
⏱ **1分30秒**

下準備
① 石づきを落としてほぐす
② 耐熱皿に重ならないように並べる
③ めんつゆ・水各大さじ1を加える

ボリューム

ポン酢でさっぱり秋の味わい
まいたけと鮭のバタポン蒸し

材料（4〜5人分）
- まいたけ ……… **1パック（100g）**
- 生鮭 …………………… 2切れ
- もやし ………………… ½袋
- バター ………………… 30g
- A ┌ ポン酢しょうゆ …… 大さじ2
　　└ 小ねぎ（小口切り）…… 10g

作り方 ⏱ 15分
1. まいたけは石づきを落とし、ほぐす。
2. 耐熱容器にもやし、生鮭、1の順に入れ、ちぎったバターを加える。ふんわりとラップをして、電子レンジで5〜6分加熱する。
3. 熱いうちに、混ぜ合わせたAをかける。

レンジのコツ

底の平たい耐熱容器を使う。作り方の順で重なると、鮭にきのこのうまみがしみ込む。

冷蔵 3日 ／ 冷凍 1か月　**こっくり**

食材ひとつ

カレーのスパイスで食欲アップ
えのきのカレー風味

材料（4〜5人分）
- えのきだけ ……… **2袋（200g）**
- A ┌ 水 …………………… 500mℓ
　　├ カレー粉 …………… 大さじ1½
　　├ サラダ油 …………… 小さじ1
　　└ 塩 …………………… 少々
- B ┌ しょうゆ …………… 小さじ2
　　└ おろししょうが …… 小さじ1
- パセリ（みじん切り）…… 適量

作り方 ⏱ 10分
1. えのきだけは根元を落とし、半分の長さに切ってほぐす。
2. 耐熱容器に1とAを入れて混ぜる。ふんわりとラップをして電子レンジで5分加熱したら、ザルにあげて水けをきる。
3. Bを加えて混ぜ合わせ、パセリをふる。

バリエーション
えのきだけ2袋（200g）
→ しめじ2パック（200g）

冷蔵 4日 ／ 冷凍 1か月　**スパイシー**

サブおかず（きのこ）

サラダ・マリネ

冷蔵 4日 ｜ 冷凍 1か月　**甘酸っぱい**

レモンが彩りと味の決め手
きのこのはちみつポン酢マリネ

材料（4〜5人分）

しめじ ……… **2パック（200g）**
エリンギ …… **1パック（100g）**
レモン ……………………… 1/3個
白ワイン ………………… 大さじ1
A ┌ ポン酢しょうゆ …… 大さじ4
　├ はちみつ …………… 大さじ2
　└ オリーブ油 ………… 小さじ2

作り方 ⏱10分

1 きのこは石づきを落とす。しめじはほぐす。エリンギは縦に4つ割りにして、半分の長さに切る。レモンは2mm幅の半月切りにする。
2 耐熱容器に**1**のしめじ、エリンギを入れ、白ワインを回し入れる。ふんわりとラップをして電子レンジで3〜4分加熱したら、ザルにあげて水けをきる。
3 ボウルに**A**を合わせ、**2**、**1**のレモンを加えてあえる。

 リメイク

白身魚や鶏もも肉のソテーにかける。

スピード

冷蔵 3日 ｜ 冷凍 1か月　**ピリ辛**

辛うまでごはんにのせてもおいしい
しめじと豚ひき肉のピリ辛煮

材料（4〜5人分）

しめじ ……… **2パック（200g）**
豚ひき肉 …………………… 200g
A ┌ コチュジャン、しょうゆ、酒、
　└ 砂糖、ごま油 …… 各大さじ1

作り方 ⏱10分

1 しめじは石づきを落とし、ほぐす。
2 耐熱容器に豚ひき肉、**1**、**A**を入れて混ぜる。ふんわりとラップをして、電子レンジで6〜7分加熱する。
3 取り出したら、全体をほぐすようによく混ぜる。

 リメイク

ごはんと炒めてきのこチャーハンに。水溶き片栗粉でとろみをつけて豆腐にかけ、和風マーボーに。

みそマヨツナのコクがきのこに合う
しいたけのツナ詰め

材料（4〜5人分）
しいたけ ……… **12枚（360g）**
ツナ（オイル漬け缶詰）
　………………… 小2缶（140g）
A┌ ホールコーン(缶詰)…大さじ4
　│ みそ、マヨネーズ、片栗粉
　└ ………………… 各大さじ1½
片栗粉………………………適量

作り方　⏱20分

1 しいたけは石づきを落として、軸はみじん切りにする。
2 ボウルに缶汁をきったツナ、1の軸とAを加えてよく練り混ぜる。
3 1のしいたけのかさの内側に片栗粉をまぶし、12等分した2を詰めて耐熱容器に並べる。
4 ふんわりとラップをして、電子レンジで5分加熱する。

ボリューム

冷蔵 3日 ／ 冷凍 2週間　　こっくり

レンジのコツ
等間隔に並べるので、底が広くて浅めの耐熱容器を使うとよい。

パンにも合うスペインの定番料理
マッシュルームのアヒージョ風

材料（4〜5人分）
マッシュルーム…**3パック（300g）**
にんにく（みじん切り）………20g
A┌ オリーブ油 ……… 大さじ4
　│ 水 ………………… 大さじ2
　│ アンチョビペースト…小さじ1
　└ 塩 ………………… 小さじ⅓
パセリ（みじん切り）………適量

作り方　⏱10分

1 マッシュルームは縦半分に切る。耐熱容器にマッシュルーム、にんにく、Aを入れて混ぜる。
2 ふんわりとラップをして電子レンジで5分加熱したら、パセリをふる。

食材ひとつ

冷蔵 3日 ／ 冷凍 1か月　　塩味

調理法チェンジ
小鍋にマッシュルーム、にんにく、塩、アンチョビペーストを入れる。ひたひたになるくらいのオリーブ油を加えて5〜7分ほど煮込み、パセリをふる。

サブおかず

大豆・大豆製品

◎ 落としぶたのようにラップをかけて、味をしみ込みやすくする
◎ 油揚げは、水でぬらしたペーパータオルで包んで加熱すると、油抜きが手早くできる

サラダ・マリネ

冷蔵 3日 ／ 冷凍 ✕　さっぱり

彩りがきれいなさっぱり味

油揚げと野菜のマリネ

材料（4〜5人分）

油揚げ	2枚（120g）
ズッキーニ	1本
パプリカ（赤）	1個
しょうが	1片
A　めんつゆ（3倍濃縮）	大さじ4
酢	大さじ2
砂糖、ごま油	各小さじ2

作り方 ⏱15分（＋漬け時間30分）

1 油揚げは1cm幅の短冊切りに、ズッキーニは1cm幅の輪切りにする。パプリカはヘタと種を取り除いて乱切りに、しょうがはせん切りにする。

2 耐熱容器に1のズッキーニと赤パプリカを入れ、合わせたAを回し入れる。1の油揚げとしょうがをのせて、ふんわりとラップをしたら、<u>電子レンジで7、8分加熱</u>する。

3 取り出して混ぜ、粗熱がとれたら、冷蔵庫で30分ほど漬ける。

 バリエーション

油揚げ2枚（120g）
→ 豚こま切れ肉200g

スピード

冷蔵 5日 ／ 冷凍 1か月　しょうゆ味

しょうがの風味をきりっと効かせて

しょうがじょうゆ豆

材料（4〜5人分）

大豆（水煮）	250g
しょうが（薄切り）	1片分
水	150mℓ
砂糖	大さじ5
しょうゆ	大さじ2

作り方 ⏱10分

1 耐熱容器にすべての材料を入れて混ぜ合わせる。ふんわりとラップをして、<u>電子レンジで3分加熱</u>する。

2 取り出して混ぜ、ラップをかけなおしたら、粗熱がとれるまで蒸らす。

 調理法チェンジ

鍋に材料をすべて入れて煮立て、弱火で5分ほど煮てそのまま冷ます。

レンチンするだけ！ 油揚げの甘煮（2枚 120g）

冷蔵	冷凍
3日	1か月

ふんわりラップをして
⏱ **1分＋1分**
途中で上下を返す

下準備
① 横半分に切る
② めんつゆ大さじ4、砂糖・水各大さじ2で味つける

トマトとベーコンでうまみアップ
大豆とズッキーニのトマト煮

材料（4〜5人分）

大豆（水煮）……………**150g**
ベーコン…………………5枚
ズッキーニ………………1本
にんにく（みじん切り）… ½片分
オリーブ油…………… 大さじ1
塩、こしょう……………各少々
ホールトマト（缶詰）… 1缶（400g）
コンソメスープの素（顆粒）
……………………… 小さじ2
トマトケチャップ …… 小さじ1

作り方 ⏱ 15分

1 ベーコンは1cm幅に、ズッキーニは1cm幅のいちょう切りにする。
2 耐熱ボウルにすべての材料を入れてよく混ぜ合わせる。ラップをせずに電子レンジで8分加熱する。
3 取り出してよく混ぜ、粗熱がとれるまでおく。

ボリューム

冷蔵	冷凍
5日	1か月

こっくり

みそとごまが香り高い
厚揚げのみそ煮

材料（4〜5人分）

厚揚げ…………… 2枚（400g）
A ┌ みそ、みりん…… 各大さじ2
　├ 砂糖………………… 大さじ½
　└ 酒…………………… 大さじ1
白いりごま……………… 小さじ2

作り方 ⏱ 10分

1 厚揚げは横半分に切り、2cm幅に切る。
2 耐熱容器にAを混ぜ合わせ、1を加えてあえる。ふんわりとラップをして、電子レンジで4分加熱する。
3 取り出して混ぜて、白いりごまをふる。

 リメイク

豚バラ肉や野菜と合わせて炒めものに。

食材ひとつ

冷蔵	冷凍
3日	×

みそ味

サブおかず

その他豆類

◎ 調味料としっかり混ぜて加熱すると、豆の芯まで味がしみ込む
◎ 余熱で蒸らすと中までほっくりとした食感に

サラダ・マリネ

冷蔵 4日 ｜ 冷凍 1か月　さっぱり

つけ合わせにぴったりなあっさり味
ミックスビーンズといんげんのサラダ

材料（4～5人分）
- ミックスビーンズ（缶詰）‥**150g**
- さやいんげん …………… 10本
- A ┌ 酢、オリーブ油‥各大さじ1
　　├ 塩 ………………小さじ2/3
　　└ こしょう …………… 少々

作り方 ⏱10分
1. さやいんげんはすじを除く。ラップでふんわりと包み、電子レンジで1～2分加熱する。粗熱がとれたら、1cm長さの斜め切りにする。
2. ボウルにミックスビーンズ、1、Aを入れて混ぜ合わせる。

 バリエーション
さやいんげん10本
→ブロッコリー1/2株

スピード

冷蔵 3日 ｜ 冷凍 1か月　こっくり

自然な甘みでおやつにもなる
ひよこ豆の甘煮

材料（4～5人分）
- ひよこ豆（缶詰）………… **200g**
- レーズン………………………40g
- 砂糖 ……………………… 大さじ4
- 塩 ……………………………… 少々
- 水 ………………………… 大さじ2

作り方 ⏱5分
1. 耐熱容器にすべての材料を入れて混ぜ合わせる。ふんわりとラップをして、電子レンジで3分加熱する。

 バリエーション
塩少々
→しょうゆ小さじ1

レンチンするだけ！ 煮豆（1パック 60g）

冷蔵	冷凍
3日	1か月

ふんわりラップをして
⏱ **2分**
粗熱がとれるまで蒸らす

下準備
① しょうゆ・水各大さじ1、砂糖小さじ1、塩少々で味つける

スイートチリで南国風な味わい
グリーンピースとささみのチリソース炒め

材料（4〜5人分）

グリーンピース（缶詰）
　……………… **3缶（180g）**
鶏ささみ ……………… 3本
塩、こしょう ……… 各少々
片栗粉 ………………… 適量
A ┌ スイートチリソース
　│ 　　　　　　 大さじ3
　└ トマトケチャップ‥大さじ1

作り方 ⏱ **15分**

1. 鶏ささみはすじを除いて、ひと口大のそぎ切りにする。塩、こしょうをふり、片栗粉を薄くまぶす。ボウルに **A** を混ぜ合わせてグリーンピースを加え、からめる。
2. 耐熱皿に **1** のささみが重ならないように並べ、**1** のグリーンピースをたれごとのせる。ラップをせずに<u>電子レンジで3〜4分加熱</u>する。
3. 取り出して、よく混ぜ合わせる。

 レンジのコツ
底の平たい耐熱皿を使い、重ならないように並べ、上からたれをかけることで味が均一になじむ。

冷蔵	冷凍
3日	1か月

ピリ辛

ボリューム

スパイシーで見映えも◎
ミックスビーンズのカレー煮

材料（4〜5人分）

ミックスビーンズ（缶詰）
　……………… **2缶（240g）**
A ┌ カレー粉 ………… 小さじ1
　│ トマトケチャップ‥大さじ3
　│ はちみつ ………… 大さじ½
　└ 白ワイン ………… 大さじ1

作り方 ⏱ **10分**

1. 耐熱容器に **A** を混ぜ合わせ、ミックスビーンズを加える。さっくりと混ぜ、ふんわりとラップをして<u>電子レンジで3分加熱</u>する。
2. 取り出して、粗熱がとれるまで蒸らす。

 **リメイク**
豚ひき肉、玉ねぎとにんじんのみじん切りを加えて炒め、ドライカレー風に。

冷蔵	冷凍
3日	1か月

スパイシー

食材ひとつ

161

サブおかず

切り干し大根

◎ しっかりと水でもどし、加熱での乾燥を防ぐ
◎ 加熱後は少しおいて味をなじませる

サラダ・マリネ

冷蔵 3日 ／ 冷凍 ×　こっくり

白ごまでコクを出して味わい深く

切り干し大根のごまサラダ

材料（4～5人分）

- 切り干し大根（乾燥）……30g
- ごぼう、にんじん……各½本
- A｜ マヨネーズ、白すりごま ……各大さじ2
  ｜ しょうゆ……大さじ1

作り方 ⏱15分

1. 切り干し大根はたっぷりの水でもどす。さっと洗って水けを絞り、ざく切りにする。ごぼうとにんじんは、皮をむいてささがきにする。ごぼうは水にさらす。
2. 耐熱容器に1のごぼうとにんじんを入れる。ふんわりとラップをして電子レンジで1分30秒加熱したら、ザルにあげて水けをきる。
3. ボウルにAを混ぜ合わせて、1の切り干し大根と2を加えてあえる。

 バリエーション

しょうゆ大さじ1
→ たらこ½腹

スピード

冷蔵 3日 ／ 冷凍 1か月　塩味

塩昆布とツナのうまみが噛むたびにじんわり

切り干し大根の塩昆布煮

材料（4～5人分）

- 切り干し大根（乾燥）……30g
- ツナ（オイル漬け缶詰）……小1缶（70g）
- 塩昆布（市販）……15g

作り方 ⏱5分

1. 切り干し大根は水でよく洗い、水けをきらないで耐熱容器に入れる。
2. 1に缶汁ごとのツナと塩昆布を入れてかるく混ぜる。ふんわりとラップをして、電子レンジで1～2分加熱する。
3. 取り出して、よく混ぜ合わせる。

 リメイク

にんじん、きゅうりのせん切りと合わせてあえものに。

レンチンするだけ！ もどし切り干し大根（20g）

冷蔵 3日 ／ 冷凍 1か月

ふんわりラップをして
⏱ **2分**
（※様子を見て加減する）

下準備
① 深めの耐熱容器に、ひたひたになるくらい水を入れる

じゃこがカリカリで香ばしい
じゃこ入り切り干し大根

材料（4〜5人分）
- 切り干し大根（乾燥） ……… 30g
- にんじん ……………… 1/4本
- ちりめんじゃこ ……… 大さじ3
- A
  - だし汁 ……………… 100ml
  - しょうゆ、酒、ごま油 …… 各大さじ1
  - 砂糖 ……………… 大さじ1/2

作り方 ⏱15分
1. 切り干し大根はたっぷりの水でもどす。さっと洗って水けを絞り、ざく切りにする。にんじんは、皮をむいてせん切りにする。
2. 耐熱容器に1とちりめんじゃこ、Aを加えて混ぜる。ラップをせずに電子レンジで5分加熱する。
3. 取り出したら、粗熱がとれるまでおく。

冷蔵 4日 ／ 冷凍 1か月　**しょうゆ味**

ボリューム

🍲 **調理法チェンジ**
鍋にごま油を熱してちりめんじゃこ、1を入れて炒め、Aを加えて汁けがなくなるまで煮る。

かつお節のだしがしみしみ
切り干し大根のさっぱり煮

材料（4〜5人分）
- 切り干し大根（乾燥） ……… 40g
- A
  - しょうゆ、酢 …… 各大さじ2
  - 砂糖 ……………… 大さじ1
- かつお節 ……………… 3g

作り方 ⏱10分
1. 切り干し大根はたっぷりの水でもどす。さっと洗って水けを絞り、ざく切りにする。
2. 耐熱容器にAを混ぜ合わせ、1を加えてあえる。ふんわりとラップをして、電子レンジで3分加熱する。
3. 取り出してかつお節を加えて混ぜたら、粗熱がとれるまでおく。

冷蔵 3日 ／ 冷凍 1か月　**さっぱり**

食材ひとつ

📺 **レンジのコツ**
加熱後は混ぜてから粗熱をとると、味がよくなじむ。

サブおかず

昆布・わかめ・ひじき

◎ しっかりと水でもどし、加熱での乾燥を防ぐ
◎ 加熱時間は短めにし、様子を見て加減する

サラダ・マリネ

冷蔵 4日 / 冷凍 1か月 さっぱり

梅のドレッシングでさっぱりと
ひじきの梅サラダ

材料（4〜5人分）

芽ひじき（乾燥）	20g
れんこん	50g
長ねぎ	⅙本
梅干し	2個
A　しょうゆ	小さじ2
酢	大さじ1½
砂糖	大さじ1
しょうゆ	小さじ1½
みりん	小さじ1

作り方 ⏱15分

1 芽ひじきはさっと洗ってたっぷりの水でもどし、水けをきる。れんこんは皮をむいて薄い半月切りにして、水にさらす。
2 梅干しは種を除き、包丁でたたいてボウルに入れる。みじん切りにした長ねぎ、Aを加えて混ぜる。
3 耐熱容器に1を入れて、しょうゆを回し入れる。ふんわりとラップをして<u>電子レンジで2分加熱</u>したら、ザルにあげて水けをきり、2に入れてあえる。

バリエーション

れんこん50g
→ かぶ½個（60g）

スピード

冷蔵 3日 / 冷凍 1か月 ピリ辛

ラー油と糸唐辛子がアクセント
わかめとキャベツのピリ辛ナムル

材料（4〜5人分）

わかめ（乾燥）	10g
キャベツ	¼個（400g）
A　ごま油	大さじ1
塩	小さじ¼
おろしにんにく	小さじ½
ラー油	適量
糸唐辛子	適量

作り方 ⏱10分

1 わかめはさっと洗ってたっぷりの水でもどし、水けをきる。キャベツは芯の部分を除いて食べやすくちぎり、水にさっと通す。
2 耐熱容器に1のキャベツを入れる。ふんわりとラップをして<u>電子レンジで3〜4分加熱</u>したら、ザルにあげて水けをきる。
3 ボウルにAを混ぜ合わせ、1のわかめ、2を加えてあえ、糸唐辛子を散らす。

バリエーション

わかめ（乾燥）10g
→ ちりめんじゃこ20g

レンチンするだけ！ もどしひじき（10g）

冷蔵	冷凍
3日	1か月

ふんわりラップをして
⏱ **2分**
（※様子を見て加減する）

下準備
① 深めの耐熱容器に、ひたひたになるくらい水を入れる

昆布と豚肉のうまみが広がる
刻み昆布と豚肉の煮もの

材料（4～5人分）

刻み昆布（乾燥）……… **25g**
豚もも薄切り肉 ………… 150g
にんじん ………………… ½本
A ┌ しょうゆ……… 大さじ2½
　└ みりん、酒 …… 各大さじ2

作り方 ⏱ 15分

1 刻み昆布はさっと洗ってたっぷりの水でもどし、水けをきる。豚もも薄切り肉は食べやすく切り、にんじんは皮をむいて細切りにする。
2 耐熱容器に刻み昆布とにんじんを入れ、豚肉を重ならないように並べる。混ぜ合わせたAを回し入れ、ふんわりとラップをして電子レンジで5～6分加熱する。
3 取り出して混ぜ、ラップをかけなおし、粗熱がとれるまで蒸らす。

ボリューム

レンジのコツ

豚肉の下に刻み昆布とにんじんを敷くことで、肉のうまみがしみ込む。

冷蔵	冷凍
3日	×

しょうゆ味

甘辛だしをじっくりしみ込ませた
ひじきのしょうがつくだ煮

材料（4～5人分）

芽ひじき（乾燥）……… **20g**
しょうが（せん切り）…… 1片分
A ┌ しょうゆ………………60㎖
　│ 砂糖 ………………… 50g
　└ 酢 ……………… 大さじ2

作り方 ⏱ 15分

1 芽ひじきはさっと洗ってたっぷりの水でもどし、水けをきる。
2 耐熱容器にすべての材料を入れて混ぜ、ふんわりとラップをして電子レンジで5分加熱する。
3 取り出して混ぜ、ラップをかけなおし、粗熱がとれるまで蒸らす。

食材ひとつ

調理法チェンジ

鍋にA、しょうがを入れて中火にかけ、ひじきを加えて汁けがなくなるまで煮る。

冷蔵	冷凍
5日	1か月

甘辛

サブおかず

こんにゃく・しらたき

◎ 調味料で水分を足して、加熱での乾燥を防ぐ
◎ こんにゃくは切り込みを入れて味をしみ込みやすくする

サラダ・マリネ

冷蔵 3日 ／ 冷凍 × 　さっぱり

お酢が効いててちゅるりと食べられる

しらたきの中華サラダ

材料（4～5人分）　　　**作り方** ⏱15分

しらたき（アク抜き不要のもの）
　………………… 1袋（200g）
きゅうり ………………… 1本
ハム ……………………… 2枚
もやし …………………… ½袋
A┌ しょうゆ ……… 大さじ2
　│ 酢、ごま油 …… 各大さじ1
　└ 砂糖 …………… 小さじ1
白いりごま ……… 大さじ½

1. しらたきは水でさっと洗って水けをきり、食べやすく切る。きゅうり、ハムは細切りにする。
2. 耐熱容器に、しらたきと水に通したもやしを入れる。ふんわりとラップをして<u>電子レンジで3分加熱</u>したら、ザルにあげて水けをきる。
3. ボウルにAを混ぜ合わせる。きゅうり、ハム、2を加えて混ぜたら、白いりごまをふる。

 **バリエーション**

ハム2枚
➡ 鶏ひき肉100g

スピード

冷蔵 3日 ／ 冷凍 × 　みそ味

こんにゃくに甘みそがじんわりしみ込む

みそこんにゃく

材料（4～5人分）　　　**作り方** ⏱10分

こんにゃく（アク抜き不要のもの）
　………………… 1枚（250g）
A┌ みそ、みりん …… 各大さじ2
　└ 砂糖 …………… 大さじ1

1. こんにゃくは両面に格子状に切り込みを入れて、2cm角に切る。
2. 耐熱容器にAを混ぜ合わせ、1を加えてよくあえる。ふんわりとラップをして<u>電子レンジで3分加熱</u>する。

レンジのコツ

切り込みを入れたこんにゃくにAをよくあえてから加熱することで味がなじみやすくなる。

166

レンチンするだけ！ アク抜きこんにゃく（1枚 250g）

冷蔵	冷凍
2日	×

ふんわりラップをして
⏱ 2分

下準備
① 食べやすく切る
② 塩もみをして水分を洗い流す
③ 深めの耐熱容器に、ひたひたに水を入れる

お弁当にもぴったりのしっかり味
こんにゃくきんぴら

材料（4〜5人分）
つきこんにゃく（アク抜き不要のもの）……… 2袋（300g）
にんじん ………………… 1/3本
牛切り落とし肉 ………… 150g
A［しょうゆ ………… 大さじ2
　　砂糖、みりん、酒 … 各大さじ1］
ごま油 …………………… 大さじ1

作り方 ⏱ 15分
1. つきこんにゃくは水でさっと洗って水けをきり、食べやすく切る。にんじんは皮をむいて細切りにする。
2. 耐熱容器に1を入れ、その上に牛切落とし肉を重ならないように並べる。混ぜ合わせたAを回し入れたら、ふんわりとラップをして<u>電子レンジで3〜5分加熱</u>する。
3. 取り出してごま油を加えて混ぜる。ラップをせずにさらに<u>3分加熱</u>する。

 バリエーション
Aの調味料
→ 焼き肉のたれ大さじ3

冷蔵	冷凍
3日	×

甘辛

ボリューム

和風だしの上品な味つけ
手綱こんにゃくの煮もの

材料（4〜5人分）
こんにゃく（黒・白／アク抜き不要のもの）……… 各1枚（500g）
A［だし汁 …………… 100mℓ
　　砂糖 …………… 大さじ2
　　みりん ………… 大さじ1½
　　しょうゆ ……… 大さじ1］

作り方 ⏱ 10分
1. こんにゃくは8mm幅に切り、中央に2cmくらいの切り込みを入れる。一方の端をくぐらせてねじり、形を整える。
2. 耐熱容器に1とAを入れ、ふんわりとラップをして<u>電子レンジで5分加熱</u>する。

 調理法チェンジ
鍋に下ゆでしたこんにゃくとAを入れて10分ほど煮る。

冷蔵	冷凍
5日	×

しょうゆ味

食材ひとつ

167

電子レンジでできる！具だくさん汁もの

1品あればおかずにもなる、具材がたっぷり入ったレンチンスープを紹介します。

※マグカップレシピは1人分です。マグカップは300㎖以上入るものを使用してください。

あさりとミルクがじんわりおいしい
クラムチャウダー

冷蔵3日 ／ こっくり

材料（2人分）

あさり（水煮缶）	1缶（130g）
じゃがいも	1個
にんじん	¼本
玉ねぎ	½個
A 牛乳	300㎖
コンソメスープの素（顆粒）	小さじ2
塩、こしょう	各少々

作り方 ⏱15分

1. じゃがいも、にんじん、玉ねぎは皮をむいて1㎝角に切る。耐熱容器に入れて、水でぬらしたペーパータオルをかぶせ、ふんわりとラップをして電子レンジで3分加熱する。
2. 取り出して、缶汁ごとあさりとAを加えて混ぜる。ラップをしてさらに5分加熱する。
3. 取り出したら、塩、こしょうで味を調える。

マグカップレシピ　ラップに包んだ**1**の野菜各15gずつを電子レンジで2分加熱して、マグカップに入れる。あさり10g、缶汁小さじ1、牛乳100㎖、コンソメスープの素小さじ¼を加え、ラップをしてさらに1分30秒加熱する。

ほっとする定番みそ汁
根菜たっぷり豚汁

冷蔵3日 ／ みそ味

材料（2人分）

ごぼう	¼本
にんじん	⅓本
大根	⅛本
豚バラ薄切り肉	80g
A だし汁	300㎖
みそ	大さじ3
和風だしの素（顆粒）	小さじ1
七味唐辛子	適量

作り方 ⏱15分

1. ごぼうは皮をこそげてささがきにして水にさらす。にんじんは皮をむいてささがきにし、大根は皮をむいて5㎜幅のいちょう切りにする。豚肉は3㎝幅に切る。
2. 耐熱容器に**1**の野菜を入れ、豚肉を広げてのせる。混ぜ合わせた**A**を加え、ふんわりとラップをして電子レンジで7分加熱し、七味唐辛子をふる。

マグカップレシピ　マグカップに**1**の野菜各15gずつを入れて、その上に**1**の豚肉20gをのせる。水100㎖にみそ小さじ1、和風だしの素少々を混ぜ合わせ、マグカップに注いだら、ラップをして2分30秒加熱する。

ツルツルと食べやすいピリ辛麺
担々春雨スープ

冷蔵 3日 ／ ピリ辛

材料（2人分）

- 春雨（乾燥）……………………20g
- 豚ひき肉………………………80g
- にんにく（みじん切り）……1片分
- A
  - みそ……………………大さじ2
  - しょうゆ………………大さじ1/2
  - 豆板醤、砂糖……各小さじ1
  - 白すりごま……………大さじ1
- 水………………………………400㎖
- 小ねぎ（小口切り）……………適量

作り方 ⏱10分

1. 春雨はキッチンばさみで食べやすく切る。
2. 耐熱容器に豚ひき肉と**A**を入れてよく混ぜ合わせる。春雨、にんにく、水を加えて混ぜたら、ふんわりとラップをして電子レンジで6分加熱する。
3. 取り出してよく混ぜ、小ねぎを散らす。

マグカップレシピ
マグカップに豚ひき肉10g、みそ大さじ½、しょうゆ、豆板醤各小さじ¼、おろしにんにく、砂糖各少々、白すりごま小さじ½を入れてよく混ぜ合わせる。細かく切った春雨10gと水150㎖を加え、ラップをして4分加熱する。

大きい具材で食べごたえばっちり
和風ポトフ

冷蔵 3日 ／ しょうゆ味

材料（2人分）

- じゃがいも……………………1個
- にんじん………………………½本
- ブロッコリー…………………¼株
- ウインナーソーセージ………2本
- A
  - 水…………………………300㎖
  - 和風だしの素（顆粒）…小さじ1
  - しょうゆ…………………大さじ2
  - 塩…………………………少々

作り方 ⏱20分

1. じゃがいもとにんじんは皮をむいてひと口大に切り、ウインナーソーセージは斜め半分に切る。ブロッコリーは小房に分ける。
2. 耐熱容器に水に通した**1**の野菜を入れ、水でぬらしたペーパータオルをかぶせる。ふんわりとラップをして電子レンジで4分加熱したら、水けをきり、ブロッコリーは別にとっておく。
3. **2**に**1**のウインナー、**A**を入れる。ラップをしてさらに6分加熱したら、**2**のブロッコリーを加える。

マグカップレシピ
小さめの乱切りにしたじゃがいも、にんじん各2切れとブロッコリーの小房2個はラップに包み、2分加熱してマグカップに入れる。**1**のウインナー1本、水100㎖、しょうゆ小さじ½、和風だしの素少々を加え、ラップをしてさらに2分加熱したら、塩で味を調える。

トマトのダブル使いで濃厚な味わい
具だくさんミネストローネ

冷蔵 3日 ／ こっくり

材料（2人分）

- キャベツ………………………2枚
- 玉ねぎ…………………………¼個
- プチトマト……………………6個
- ベーコン………………………2枚
- マカロニ（早ゆでのもの）……20g
- A
  - 水…………………………400㎖
  - トマトケチャップ……大さじ5
  - コンソメスープの素（顆粒）
    …………………………小さじ2
  - 塩…………………………少々

作り方 ⏱15分

1. キャベツと玉ねぎは1㎝角に切り、プチトマトは半分に切る。ベーコンは1㎝幅に切る。
2. 耐熱容器にマカロニ、**1**、**A**の順に入れ、ふんわりとラップをして電子レンジで7分加熱する。

マグカップレシピ
マグカップに、マカロニ5g、**1**のキャベツ、玉ねぎ各15g、4等分に切ったプチトマト1個、短冊切りにしたベーコン⅙枚の順に入れる。水100㎖にトマトケチャップ大さじ1、コンソメスープの素少々を混ぜ合わせて、マグカップに注ぐ。ラップをして電子レンジで2分加熱したら、塩で味を調える。

電子レンジでできる！お手軽スイーツ

パパッと作れるレンチンデザートを紹介します。
ひと息入れたい食後やおやつの時間にぴったりです。

※マグカップレシピは1人分です。

ホットケーキミックスを使うふんわり濃厚なケーキ
カップチョコケーキ

材料（2人分）
- チョコレート …… 1枚（50g）
- 牛乳 …………………… 50mℓ
- A
  - ホットケーキミックス …………………… 80g
  - ココアパウダー …… 10g
- 卵 ………………………… 1個
- 砂糖 ………………… 30g
- サラダ油 ……… 大さじ1
- 粉糖 …………………… 適量

冷蔵 3日 ／ 冷凍 2週間

作り方 ⏱10分
1. 耐熱容器にチョコレートを手で砕いて入れ、牛乳を加える。ラップをせずに<u>電子レンジで30秒加熱</u>する。
2. 取り出して混ぜたら、**A**を加えて混ぜる。
3. カップに等分に流し入れる。ラップをせずに<u>3分加熱</u>したら、粉糖をまぶす。

マグカップレシピ すべて半量の材料で、耐熱容器をマグカップに変え、作り方通りの加熱時間で作る。

かすかなシュワシュワ刺激がたまらない
ミックスフルーツの炭酸ゼリー

材料（4人分）
- ゼラチン ………………… 7g
- 水 ………………… 大さじ3
- 炭酸水 …………… 200mℓ
- 砂糖 ……………… 大さじ3
- ミックスフルーツ（缶詰）………………… 1缶（195g）

バリエーション
炭酸水200mℓ → 紅茶200mℓ

作り方 ⏱5分（＋冷やし時間1時間）
1. 耐熱容器にゼラチンと水を入れて2〜3分ふやかし、ラップをせずに<u>電子レンジで30秒加熱</u>する。
2. 取り出して砂糖を加え、混ぜ溶かす。缶汁ごとのミックスフルーツを加え、炭酸水を静かに注いで混ぜる。
3. カップに流し入れ、ラップをして冷蔵庫で1時間ほどかためる。

冷蔵 3日 ／ 冷凍 ×

卵の味が濃い、昔ながらのやさしい味
レンジプリン

冷蔵 3日 / 冷凍 ×

材料（2人分）
卵	2個
牛乳	200ml
砂糖	50g
バニラエッセンス	少々
ホイップクリーム、チョコレートソース	各適量

作り方　⏱15分（＋冷やし時間1時間）

1. ボウルに卵を溶きほぐし、牛乳、砂糖、バニラエッセンスを加える。泡立たせないように混ぜ、ザルでこす。
2. カップに等分に流し入れ、ラップをせずに電子レンジで3分加熱する。表面が少し沸騰してポコポコとするまで、さらに10秒ずつ加熱する。
3. 冷蔵庫で1時間ほど冷やしたら、ホイップクリーム、チョコレートソースを添える。

🔲 レンジのコツ
加熱をしすぎるとなめらかさがなくなるので、短めの加熱を繰り返し、少し沸騰したら取り出す。

ほどよい甘さと酸味がクセになる
りんごジャム

材料（2人分）
りんご	1個
グラニュー糖	60g
レモン果汁	小さじ1

作り方　⏱20分

1. りんごは水でよく洗って、皮つきのまま1cm角に切る。
2. 耐熱容器に**1**とグラニュー糖、レモン果汁を加えてよく混ぜ合わせる。ふんわりとラップをして、電子レンジで3分加熱する。
3. 取り出して混ぜ、ラップをせずにさらに10〜12分加熱する。

 バリエーション

りんご1個 → ブルーベリー150g

冷蔵 1週間 / 冷凍 2週間

素材・タイプ別 さくいん

● 定番　● サラダ・マリネ
● ヘルシー　● スピード
● 長持ち　● ボリューム
● 変身　● 食材ひとつ

肉

鶏肉

● 親子煮 ……………………… 28
● スパイシー手羽先 ………… 34
● 手羽元の中華煮 …………… 36
● 鶏肉のシチュー …………… 26
● 鶏のから揚げ ……………… 24
● バンバンジー ……………… 32
● むね肉のタンドリーチキン … 30
● ささみのごまあえ ………… 32
● 手羽先と大根の煮もの …… 34
● 手羽元のゆずこしょう焼き … 36
● 鶏肉とセロリのマヨあえ … 30
● 鶏肉のトマト煮 …………… 24
● 鶏肉とブロッコリーのナムル … 28
● 鶏肉のめんつゆ煮 ………… 26
● ダッカルビ ………………… 27
● 手羽先のにんにくみそ漬け … 35
● 手羽元の甘辛煮 …………… 37
● 鶏肉のすき焼き …………… 31
● 鶏のみそマヨネーズ焼き … 33
● 鶏むね肉のピリ辛ケチャップ煮 … 29
● バターチキンカレー ……… 25
● 手羽先とねぎの煮込み …… 35
● 手羽元のハーブ煮 ………… 37
● 照り焼きチキン …………… 25
● 鶏ささみの梅肉あえ ……… 33
● 鶏ハム ……………………… 29
● ペッパーチキン …………… 31
● 蒸し鶏のねぎ香味だれ …… 27
● かぶとチキンのカレーマヨサラダ ……………………… 128
● 水菜とささみのごまサラダ … 136
● 玉ねぎとささみのピリ辛サラダ … 104
● グリーンピースとささみのチリソース炒め ……………………… 161
● 里いもと鶏肉の煮もの …… 151
● なすと鶏肉のビネガー煮 … 115
● 白菜と鶏肉のうま煮 ……… 139

● パプリカと蒸し鶏の梅ねぎあえ … 121

豚肉

● 肉じゃが …………………… 40
● 豚となすのみそ炒め ……… 42
● 豚の角煮 …………………… 50
● 豚のしょうが焼き ………… 44
● 回鍋肉 ……………………… 46
● ポークソテー ……………… 48
● 梅ポン豚しゃぶ …………… 42
● エスニックローストポーク … 50
● 豆苗の豚肉巻き …………… 46
● 豚肉入り野菜炒め ………… 40
● 豚肉と根菜の煮もの ……… 44
● 豚肉の香草焼き …………… 48
● 豚とピーマンのオイスターソース炒め ……………………… 43
● 豚と野菜のみそ煮込み …… 45
● 豚肉と豆のトマト煮 ……… 51
● 豚肉の韓国風炒め ………… 41
● 豚のハニーマスタード …… 49
● 豚のミルフィーユ焼き …… 47
● 焼き豆腐と豚肉の甘辛みそ炒め … 89
● しっとり塩豚 ……………… 51
● 豚キムチ …………………… 47
● 豚こまと玉ねぎの煮もの … 43
● 豚肉とほうれん草のトマト煮 … 41
● 豚肉のにんにく塩煮 ……… 45
● 豚のみそ漬け ……………… 49
● キャベツと豚バラのごまだれがけ ……………………… 103
● 刻み昆布と豚肉の煮もの … 165
● ごぼうと豚肉のさっと煮 … 143
● 大根と豚バラの韓国風煮もの … 127
● 長ねぎ肉巻き ……………… 125
● じゃがいもと豚肉のスタミナ蒸し ……………………… 149

牛肉

● 牛すき煮 …………………… 56
● 牛肉のデミグラスソース … 58
● チンジャオロース ………… 54
● 肉豆腐 ……………………… 88
● 牛肉と根菜のみそ煮 ……… 54
● 牛肉のココナッツカレー … 56
● ポトフ ……………………… 58
● 牛しゃぶのサルサ ………… 57
● 牛肉のケチャップ炒め …… 55
● マスタードパン粉焼き …… 59
● 牛ステーキ風 ……………… 57
● 牛肉のしょうが煮 ………… 55

● ローストビーフ …………… 59
● アスパラの牛巻き ………… 113
● こんにゃくきんぴら ……… 167
● もやしと牛肉のレンジ蒸し … 123

ひき肉

● キーマカレー ……………… 60
● 鶏つくね …………………… 38
● 麻婆なす …………………… 52
● エスニック春雨サラダ …… 52
● 鶏団子と豆苗の蒸し焼き … 38
● ロールキャベツ …………… 60
● ガパオ ……………………… 61
● 鶏ひき肉のレンチンみそ煮 … 39
● ひき肉とピーマンのカレー炒め … 53
● 豆腐バーグ ………………… 89
● 鶏肉あんかけ ……………… 39
● ブロッコリーボール ……… 61
● レンジポークボール ……… 53
● さつまいものそぼろ煮 …… 146
● しめじと豚ひき肉のピリ辛煮 … 156
● レタスと鶏ひき肉のミルフィーユ … 141
● れんこんの肉詰め甘酢あんかけ ……………………… 145

ウインナー・ベーコン

● ジャーマンポテト ………… 62
● ラタトゥイユ ……………… 62
● ソーセージとキャベツの粒マスタード ……………………… 63
● ベーコンときのこのクリーム煮 … 63
● トマトとベーコンのイタリアンサラダ ……………………… 110
● ベーコンポテトサラダ …… 148
● もやしとベーコンのサラダ … 122
● 白菜とベーコンの重ね蒸し … 138
● かぶとベーコンのうま煮 … 129
● さつまいもとウインナーのマヨマスタード ……………………… 147
● ほうれん草とベーコンの重ね蒸し ……………………… 133

その他肉加工品

● キャベツと生ハムのレンジ蒸し … 102
● 玉ねぎのコンビーフ炒め … 104
● なすとハムの中華あえ …… 114
● かぼちゃのコンビーフバター … 117

172

魚介類

鮭
- 鮭フレーク …………………… 68
- 鮭と大根の煮もの ………………… 68
- 鮭のレモンバター ………………… 69
- 鮭のコーンクリーム煮 …………… 69
- トマトと鮭の重ね蒸し ………… 109
- ほうれん草と鮭のみそマヨ …… 131
- まいたけと鮭のバタポン蒸し … 155

あじ
- あじの南蛮漬け ………………… 70
- あじのふんわりみそつくね …… 70
- あじの甘辛ごままぶし ………… 71
- あじとみつばの焼きほぐし …… 71

ぶり
- ぶりの照り焼き ………………… 72
- ぶりときのこのレモンしょうゆ … 72
- ぶりの豆板醤煮 ………………… 73
- ぶりのにんにく漬け焼き ……… 73

たら
- たらのアクアパッツァ ………… 74
- たらのポン酢蒸し ……………… 74
- たらのケチャップ蒸し ………… 75
- たらのレンジ香味ソースがけ … 75

めかじき
- めかじきのムニエル …………… 76
- めかじきのキムチ蒸し ………… 76
- めかじきのオイル漬け ………… 77
- めかじきの和風ラタトゥイユ … 77

さば
- さばみそ ………………………… 78
- さばのレモン蒸し ……………… 78
- さばのトマト煮 ………………… 79
- さばのから揚げ ………………… 79

いか
- いかと里いもの煮もの ………… 80
- いかのエスカベッシュ ………… 80
- レンジいかめし ………………… 81
- いかの山椒煮 …………………… 81

えび
- えびチリ ………………………… 82
- えびとかぶの白だし煮 ………… 82

- 茶巾豆腐 ………………………… 88
- えびと豆もやしのエスニックあえ… 83
- えび青じそフライ ……………… 83
- ブロッコリースイートチリマヨ …… 106

ゆでだこ・貝類
- あさりとアスパラの酒蒸し …… 84
- たらのアクアパッツァ ………… 74
- かきとほうれん草のミルク煮 … 84
- たことにらのチヂミ …………… 85
- ほたてのにんにくバターソテー … 85
- ほうれん草とあさりの塩バター蒸し
  ……………………………………… 132

ツナ
- ツナのキャベツ炒め …………… 86
- トマトカップツナリエット …… 86
- ツナとオクラのカレーソテー … 87
- デリ風ツナとかぼちゃのマヨあえ
  ……………………………………… 87
- 切り干し大根の塩昆布煮 ……… 162
- ピーマンとツナのさっと煮 …… 118
- ピーラーにんじんのツナあえ … 98
- 無限長ねぎ ……………………… 124
- 小松菜とツナのおかかしょうゆ煮
  ……………………………………… 135
- しいたけのツナ詰め …………… 157

その他魚介加工品
- みつばとしらすのだし巻き卵 … 90
- キャベツの彩りレモンあえ …… 100
- ごぼうの明太サラダ …………… 142
- 白菜とかにかまのサラダ ……… 138
- れんこんと枝豆の明太マヨ …… 144
- キャベツと鮭フレークのみそあえ
  ……………………………………… 100
- 小松菜のたらこあえ …………… 134
- じゃこ入り切り干し大根 ……… 163
- 玉ねぎのシューマイ …………… 105
- にんじんとちくわのソース炒め … 99
- にんじんのたらこあえ ………… 97
- ピーマンのじゃこ炒め ………… 119
- 水菜とさつま揚げの煮びたし … 137
- トマトとアンチョビーのレンジ蒸し
  ……………………………………… 109

卵
- 親子煮 …………………………… 28
- みつばとしらすのだし巻き卵 …… 90

- 巣ごもり卵 ……………………… 90
- うずらとトマトの甘酢漬け …… 91
- 卵そぼろ ………………………… 91

大豆製品・豆類

豆腐
- 肉豆腐 …………………………… 88
- 茶巾豆腐 ………………………… 88
- 焼き豆腐と豚肉の甘辛みそ炒め … 89
- 豆腐バーグ ……………………… 89
- ほうれん草の白あえ …………… 130
- ブロッコリーの変わり白あえ …… 107

大豆製品
- 油揚げと野菜のマリネ ………… 158
- かぶと油揚げの煮びたし ……… 128
- しょうがじょうゆ豆 …………… 158
- キャベツのうま煮 ……………… 101
- 大豆とズッキーニのトマト煮 … 159
- 厚揚げのみそ煮 ………………… 159

その他豆類
- 茶巾豆腐 ………………………… 88
- 豚肉と豆のトマト煮 …………… 51
- デリ風ツナとかぼちゃのマヨあえ
  ……………………………………… 87
- ピーマンと豆のマリネ ………… 118
- ミックスビーンズといんげんのサラダ
  ……………………………………… 160
- れんこんと枝豆の明太マヨ …… 144
- トマトとさやえんどうのおひたし
  ……………………………………… 108
- ひよこ豆の甘煮 ………………… 160
- グリーンピースとささみのチリソース炒め
  ……………………………………… 161
- ミックスビーンズのカレー煮 … 161

野菜

かぶ
- えびとかぶの白だし煮 ………… 82
- かぶとチキンのカレーマヨサラダ
  ……………………………………… 128
- かぶと油揚げの煮びたし ……… 128
- かぶとベーコンのうま煮 ……… 129
- かぶの甘酢がけ ………………… 129

173

かぼちゃ
- ラタトゥイユ…………………… 62
- デリ風ツナとかぼちゃのマヨあえ
  …………………………………… 87
- かぼちゃとチーズのサラダ……… 116
- かぼちゃの煮もの………………… 116
- かぼちゃのコンビーフバター…… 117
- かぼちゃのくるみ茶巾…………… 117

キャベツ
- ツナのキャベツ炒め……………… 86
- 回鍋肉……………………………… 46
- 巣ごもり卵………………………… 90
- ポトフ……………………………… 58
- ロールキャベツ…………………… 60
- ソーセージとキャベツの粒マスタード
  …………………………………… 63
- キャベツの彩りレモンあえ……… 100
- キャベツのマスタードマリネ…… 102
- キャベツと鮭フレークのみそあえ
  …………………………………… 100
- キャベツと生ハムのレンジ蒸し… 102
- わかめとキャベツのピリ辛ナムル
  …………………………………… 164
- キャベツと豚バラのごまだれがけ
  …………………………………… 103
- キャベツのうま煮………………… 101
- キャベツの甘酢炒め……………… 103
- キャベツの赤じそしょうゆあえ… 101

グリーンアスパラガス
- あさりとアスパラの酒蒸し……… 84
- アスパラじゃがの粒マスタード… 112
- アスパラのピーナッツバター…… 112
- アスパラの牛巻き………………… 113
- アスパラの辛子ポン酢あえ……… 113

ごぼう
- 牛肉と根菜のみそ煮……………… 54
- 豚肉と根菜の煮もの……………… 44
- 豚と野菜のみそ煮込み…………… 45
- ごぼうの明太サラダ……………… 142
- きんぴらごぼう…………………… 142
- ごぼうと豚肉のさっと煮………… 143
- たたきごぼうの甘酢煮…………… 143

小松菜
- 小松菜としめじのマリネ………… 134
- 小松菜のたらこあえ……………… 134
- 小松菜とツナのおかかしょうゆ煮
  …………………………………… 135
- 小松菜のナムル…………………… 135

大根
- 鮭と大根の煮もの………………… 68
- 手羽先と大根の煮もの…………… 34
- 大根のゆず甘酢漬け……………… 126
- 大根の甘みそがらめ……………… 126
- 大根と豚バラの韓国風煮もの…… 127
- 大根のおだし煮…………………… 127

玉ねぎ
- ポトフ……………………………… 58
- ラタトゥイユ……………………… 62
- 牛しゃぶのサルサ………………… 57
- 豚こまと玉ねぎの煮もの………… 43
- 玉ねぎとささみのピリ辛サラダ… 104
- 玉ねぎのコンビーフ炒め………… 104
- 玉ねぎのシューマイ……………… 105
- 玉ねぎの赤ワインピクルス……… 105

トマト・プチトマト
- たらのアクアパッツァ…………… 74
- トマトカップツナリエット……… 86
- 鶏肉のトマト煮…………………… 24
- ラタトゥイユ……………………… 62
- うずらとトマトの甘酢漬け……… 91
- 牛しゃぶのサルサ………………… 57
- さばのトマト煮…………………… 79
- 豚肉と豆のトマト煮……………… 51
- 豚肉とほうれん草のトマト煮…… 41
- めかじきの和風ラタトゥイユ…… 77
- トマトとひじきのしそポン酢…… 108
- トマトとベーコンのイタリアンサラダ
  …………………………………… 110
- 中華風トマトあえ………………… 110
- トマトとさやえんどうのおひたし
  …………………………………… 108
- レタスとトマトのポン酢蒸し…… 140
- トマトと鮭の重ね蒸し…………… 109
- 白身魚のトマト蒸し……………… 111
- 大豆とズッキーニのトマト煮…… 159
- トマトとアンチョビーのレンジ蒸し
  …………………………………… 109
- トマトの黒ごまがらめ…………… 111

長ねぎ
- たらのレンジ香味ソースがけ…… 75
- 手羽先とねぎの煮込み…………… 35
- 蒸し鶏のねぎ香味だれ…………… 27
- 長ねぎのジンジャーマリネ……… 124
- 無限長ねぎ………………………… 124

- 長ねぎ肉巻き……………………… 125
- パプリカと蒸し鶏の梅ねぎあえ
  …………………………………… 121
- 長ねぎのうま塩ごまあえ………… 125

なす
- 豚となすのみそ炒め……………… 42
- 麻婆なす…………………………… 52
- ラタトゥイユ……………………… 62
- なすのフレンチマリネ…………… 114
- なすとハムの中華あえ…………… 114
- なすと鶏肉のビネガー煮………… 115
- なすのゆずこしょう風味………… 115

にんじん
- 牛肉と根菜のみそ煮……………… 54
- 豚肉入り野菜炒め………………… 40
- 豚肉と根菜の煮もの……………… 44
- ポトフ……………………………… 58
- 豚と野菜のみそ煮込み…………… 45
- にんじんともやしのナムル……… 98
- にんじんマリネ…………………… 96
- にんじんのごまあえ……………… 96
- ピーラーにんじんのツナあえ…… 98
- にんじんとちくわのソース炒め… 99
- にんじんのたらこあえ…………… 97
- にんじんグラッセ………………… 97
- にんじんのきんぴら……………… 99

白菜
- 白菜とかにかまのサラダ………… 138
- 白菜とベーコンの重ね蒸し……… 138
- 白菜と鶏肉のうま煮……………… 139
- ラーパーツァイ…………………… 139

パプリカ
- 油揚げと野菜のマリネ…………… 158
- パプリカのカレーマリネ………… 120
- パプリカのチーズおかか………… 120
- パプリカと蒸し鶏の梅ねぎあえ
  …………………………………… 121
- パプリカのにんにくしょうゆ漬け
  …………………………………… 121

ピーマン
- チンジャオロース………………… 54
- 豚肉入り野菜炒め………………… 40
- ラタトゥイユ……………………… 62
- 牛しゃぶのサルサ………………… 57
- ひき肉とピーマンのカレー炒め… 53
- 豚とピーマンのオイスターソース炒め

174

● ‥‥‥‥‥‥‥‥‥‥‥‥‥‥‥‥‥‥‥‥ 43
● ピーマンと豆のマリネ‥‥‥‥‥ 118
● ピーマンとツナのさっと煮‥‥‥ 118
● ピーマンのじゃこ炒め‥‥‥‥‥ 119
● ピーマンののりあえ‥‥‥‥‥‥ 119

ブロッコリー
● 鶏肉とブロッコリーのナムル‥‥ 28
● ブロッコリーボール‥‥‥‥‥‥ 61
● ブロッコリースイートチリマヨ‥ 106
● ブロッコリーのバターしょうゆ‥ 106
● ブロッコリーの変わり白あえ‥‥ 107
● ブロッコリーの塩昆布あえ‥‥‥ 107

ほうれん草
● かきとほうれん草のミルク煮‥‥ 84
● 豚肉とほうれん草のトマト煮‥‥ 41
● ほうれん草ときのこのチーズサラダ
‥‥‥‥‥‥‥‥‥‥‥‥‥‥‥‥ 130
● ほうれん草ともやしのごま塩だれ
‥‥‥‥‥‥‥‥‥‥‥‥‥‥‥‥ 132
● ほうれん草とあさりの塩バター蒸し
‥‥‥‥‥‥‥‥‥‥‥‥‥‥‥‥ 132
● ほうれん草の白あえ‥‥‥‥‥‥ 130
● ほうれん草と鮭のみそマヨ‥‥‥ 131
● ほうれん草とベーコンの重ね蒸し
‥‥‥‥‥‥‥‥‥‥‥‥‥‥‥‥ 133
● ほうれん草のごまあえ‥‥‥‥‥ 133
● ほうれん草の和風ペペロンチーノ
‥‥‥‥‥‥‥‥‥‥‥‥‥‥‥‥ 131

水菜
● 水菜とささみのごまサラダ‥‥‥ 136
● 水菜とえのきのおひたし‥‥‥‥ 136
● 水菜とさつま揚げの煮びたし‥‥ 137
● 水菜の中華風蒸し‥‥‥‥‥‥‥ 137

もやし
● えびと豆もやしのエスニックあえ‥ 83
● にんじんともやしのナムル‥‥‥ 98
● もやしとベーコンのサラダ‥‥‥ 122
● ほうれん草ともやしのごま塩だれ
‥‥‥‥‥‥‥‥‥‥‥‥‥‥‥‥ 132
● もやしのめんつゆ炒め煮‥‥‥‥ 122
● もやしと牛肉のレンジ蒸し‥‥‥ 123
● もやしのナムル‥‥‥‥‥‥‥‥ 123

レタス
● 蒸しレタスのゆずこしょうサラダ
‥‥‥‥‥‥‥‥‥‥‥‥‥‥‥‥ 140

● レタスとトマトのポン酢蒸し‥‥ 140
● レタスと鶏ひき肉のミルフィーユ‥ 141
● レタスのおひたし‥‥‥‥‥‥‥ 141

れんこん
● 牛肉と根菜のみそ煮‥‥‥‥‥‥ 54
● 豚肉と根菜の煮もの‥‥‥‥‥‥ 44
● れんこんと枝豆の明太マヨ‥‥‥ 144
● れんこんのみそだれ蒸し‥‥‥‥ 144
● れんこんの肉詰め甘酢あんかけ
‥‥‥‥‥‥‥‥‥‥‥‥‥‥‥‥ 145
● れんこんの赤じそあえ‥‥‥‥‥ 145

いも類

さつまいも
● さつまいもココナッツミルクサラダ
‥‥‥‥‥‥‥‥‥‥‥‥‥‥‥‥ 146
● さつまいものそぼろ煮‥‥‥‥‥ 146
● さつまいもとウインナーのマヨマスタード
‥‥‥‥‥‥‥‥‥‥‥‥‥‥‥‥ 147
● さつまいものはちみつごまバター
‥‥‥‥‥‥‥‥‥‥‥‥‥‥‥‥ 147

里いも
● いかと里いもの煮もの‥‥‥‥‥ 80
● 里いものクリームチーズサラダ‥ 150
● 里いもの梅おかか‥‥‥‥‥‥‥ 150
● 里いもと鶏肉の煮もの‥‥‥‥‥ 151
● 里いもの甘みそがけ‥‥‥‥‥‥ 151

じゃがいも
● ジャーマンポテト‥‥‥‥‥‥‥ 62
● 肉じゃが‥‥‥‥‥‥‥‥‥‥‥ 40
● ダッカルビ‥‥‥‥‥‥‥‥‥‥ 27
● アスパラじゃがの粒マスタード‥ 112
● ベーコンポテトサラダ‥‥‥‥‥ 148
● じゃがいものペペロンチーノ‥‥ 148
● じゃがいもと豚肉のスタミナ蒸し
‥‥‥‥‥‥‥‥‥‥‥‥‥‥‥‥ 149
● じゃがバタうま煮‥‥‥‥‥‥‥ 149

きのこ類
● ぶりときのこのレモンしょうゆ‥‥ 72
● 豚と野菜のみそ煮込み‥‥‥‥‥ 45
● ベーコンときのこのクリーム煮‥‥ 63
● きのこのはちみつポン酢マリネ‥ 156
● きのこの和風マリネ‥‥‥‥‥‥ 154

● 小松菜としめじのマリネ‥‥‥‥ 134
● ほうれん草ときのこのチーズサラダ
‥‥‥‥‥‥‥‥‥‥‥‥‥‥‥‥ 130
● 3種きのこのバターしょうゆ蒸し
‥‥‥‥‥‥‥‥‥‥‥‥‥‥‥‥ 154
● しめじと豚ひき肉のピリ辛煮‥‥ 156
● 水菜とえのきのおひたし‥‥‥‥ 136
● まいたけと鮭のバタポン蒸し‥‥ 155
● しいたけのツナ詰め‥‥‥‥‥‥ 157
● えのきのカレー風味‥‥‥‥‥‥ 155
● マッシュルームのアヒージョ風‥ 157

乾物・海藻

切り干し大根
● 切り干し大根のごまサラダ‥‥‥ 162
● 切り干し大根の塩昆布煮‥‥‥‥ 162
● じゃこ入り切り干し大根‥‥‥‥ 163
● 切り干し大根のさっぱり煮‥‥‥ 163

昆布
● 切り干し大根の塩昆布煮‥‥‥‥ 162
● 刻み昆布と豚肉の煮もの‥‥‥‥ 165
● ブロッコリーの塩昆布あえ‥‥‥ 107

こんにゃく・しらたき
● しらたきの中華サラダ‥‥‥‥‥ 166
● みそこんにゃく‥‥‥‥‥‥‥‥ 166
● こんにゃくきんぴら‥‥‥‥‥‥ 167
● 手綱こんにゃくの煮もの‥‥‥‥ 167

ひじき
● トマトとひじきのしそポン酢‥‥ 108
● ひじきの梅サラダ‥‥‥‥‥‥‥ 164
● ひじきのしょうがつくだ煮‥‥‥ 165

わかめ
● わかめとキャベツのピリ辛ナムル
‥‥‥‥‥‥‥‥‥‥‥‥‥‥‥‥ 164

175

料理	内山由香（食のスタジオ）、曽根小有里、服部みどり、 矢島南弥子、吉永沙矢佳
スタイリング	栗田美香
撮影	中川朋和（ミノワスタジオ）
写真協力	東芝ホームテクノ株式会社、スタジオポルト
イラスト	ナカオテッペイ
デザイン	齋藤彩子
DTP	センターメディア
校正	聚珍社
編集協力	奈良部麻衣　矢川咲恵　横江菜々子（食のスタジオ）

組み合わせ自由自在 作りおきレンチンおかず353

2018年12月10日発行　第1版
2022年 9 月30日発行　第1版　第7刷

編　者	食のスタジオ
発行者	若松和紀
発行所	株式会社 西東社 〒113-0034　東京都文京区湯島2-3-13 https://www.seitosha.co.jp/ 電話　03-5800-3120（代） ※本書に記載のない内容のご質問や著者等の連絡先につきましては、お答えできかねます。

落丁・乱丁本は、小社「営業」宛にご送付ください。送料小社負担にてお取り替えいたします。
本書の内容の一部あるいは全部を無断で複製（コピー・データファイル化すること）、転載（ウェブサイト・ブログ等の電子メディアも含む）することは、法律で認められた場合を除き、著作者及び出版社の権利を侵害することになります。代行業者等の第三者に依頼して本書を電子データ化することも認められておりません。

ISBN 978-4-7916-2742-4